EL GITANO,

OU
VILLES ET MONTAGNES,

DRAME EN CINQ ACTES,

Par MM. Alboize et Paul Foucher,

REPRÉSENTÉ POUR LA PREMIÈRE FOIS, A PARIS, SUR LE THÉATRE DE LA GAITÉ,
LE **26** NOVEMBRE 1836.

PERSONNAGES.	ACTEURS.	PERSONNAGES.	ACTEURS.
LE ROI D'ESPAGNE..........	M. Chéri.	LE COMTE DE TORELLOS...	M. Pradier.
LE COMTE DE SORIA	M. Joseph.	RITULOZO.	M. Eugène *.
DONA ISABELLE DE SORIA, sa nièce......................	Mme Meynier.	PACHECO. } Gitanos.........	M. Jemma.
DON JUAN DE MENDOZA, son neveu....................	M. Maillard.	PEDRO.	M. Camiade.
		Un Gitano................	M. Forbonne.
DON MANUEL SYLVA, grand veneur...................	M. Pansernn.	Un Domestique.............	M. Laisné.

* M. Eugène a bien voulu se charger du rôle de Ritulozo, qu'il a joué avec une rare intelligence. Cependant ce rôle appartient à l'emploi des pères nobles.

ACTE PREMIER.

Le théâtre représente le carrefour d'une forêt. Dans le fond est un torrent, sur lequel est jeté un pont.

SCENE PREMIERE.

RITULOZO, GITANOS, Gitanillas.

(Au lever du rideau, ils sont groupés : les uns étendus sous des arbres, les autres dans des creux de rochers. Quelques-uns mangent ou font cuire des alimens, le reste exécute une danse. Enfin ils forment ce qu'on appelle une halte de Gitanos.)

>   Montagnos regalados,
>   Soulos d'el camigou
>   Que tout lis tion flourechen
>   Ponita ber i tardou,
>   Tardou i prima ber
>   En tout temps y a flou.
>
>   A la place y a baillas
>   Mari, dichaou my ame
>   Io qua long tan banmiguette
>   Baillados nomu n'auquara.

PREMIER GITANO. Père, nous arrèterons-nous ici encore long-temps ?

RITULOZO. Je ne le crois pas... nous n'y sommes que trop restés. Nous avons pris cette route pour suivre l'armée espagnole... l'armée espagnole est en marche ; avant deux heures nous quitterons le Saut du Taureau.

PREMIER GITANO. C'est dommage, nous étions si bien ici.

RITULOZO, *se levant*. Il faut songer à faire nos préparatifs pour l'hiver ; en suivant l'armée nous y parviendrons. Nous recueillerons les bestiaux qu'elle abandonne ; nous guérirons les chevaux et les hommes, et nous dirons la bonne aventure aux soldats.

PREMIER GITANO. Oui, père, tu as raison... et cet hiver, retirés dans la grande caverne des Pyrénées, nous serons tranquilles, à l'abri de la neige, des loups et des alguazils.

RITULOZO. Ainsi vous l'entendez, amis, dans deux heures nous nous remettrons en marche.

PREMIER GITANO. Mais il manque trois de nos frères ?..

RITULOZO. Quels sont-ils ?..

PREMIER GITANO. Pedro, Camarillas et Pacheco.

RITULOZO. Quant à Pedro, je suis tranquille : il est allé à la ferme du château du comte de Soria, pour guérir le troupeau de l'épidémie ; mais Camarillas et Pacheco manquent depuis deux jours et une nuit.

PREMIER GITANO. Aurais-tu des craintes, père ? nous allons nous répandre dans la campagne.

RITULOZO. Attendons encore... Camarillas est allé aux provisions, il est possible qu'il n'ait pu revenir cette nuit ; mais Pacheco...

PREMIER GITANO. N'a-t-il pas été au château du comte de Soria, panser comme à l'ordinaire la blessure de dona Isabelle, qui fut piquée au bras, il y a un mois, par un serpent ?

RITULOZO. Oui, mais dona Isabelle doit être guérie depuis le temps, et Pacheco devrait être ici. (*A part.*) Oh ! mes craintes sur lui augmentent de jour en jour... il s'approche trop des villes ; désormais je ne veux plus qu'il quitte la tribu.

PREMIER GITANO. Père, voici un de nos frères qui se dirige de ce côté.

RITULOZO. Est-ce Pacheco ?..

PREMIER GITANO. Non, c'est Pedro ; comme il a l'air agité !

SCENE II.

Les Mêmes, PEDRO.

PEDRO. Ah ! père, père, tirez le poignard de vengeance ! frères, levez-vous tous, et marchez de ce côté, vous trouverez sur votre route le cadavre de Camarillas !..

(Tous les gitanos poussent un cri d'horreur.)

RITULOZO. Camarillas mort !

PEDRO. Oui, mort assassiné !..

RITULOZO. Par qui ?..

PEDRO. Par le comte de Soria... Hier Camarillas revenait vers nous chargé de provisions ; pour abréger la route, il traversa le parc du château, et s'arrêta un instant pour boire à la grande source. Mais tandis qu'il se baissait pour étancher sa soif, une balle l'étendit raide mort... C'était le comte, qui, revenant de la chasse, n'avait pas voulu rentrer au château sans avoir tué quelque chose ; s'il eût tué le chien d'un de ses voisins, le maître l'eût poursuivi et il eût été condamné à l'amende ; mais un Gitano... son sang n'a pas de valeur ; un Gitano n'appartient à personne, pas même à soi...

Nul ne le réclamera, s'est dit lâchement le comte, et aucune poursuite ne s'élèvera contre moi ; excepté les nôtres, pourtant... Père, vengeance de la mort de Camarillas, notre frère !

TOUS. Oui, vengeance !..

RITULOZO. Vous l'aurez, mes enfans, sinon prompte, du moins terrible. Ah ! ces hommes des villes s'habituent trop à nous traquer comme des bêtes fauves, à nous tuer comme des chiens... Le comte de Soria surtout, qui, depuis quinze ans, est le persécuteur de nos tribus, a trop compté sur notre impuissance. En punissant nos ennemis, nous leur apprendrons que nous avons des lois aussi... et si le coupable ne peut paraître devant ses juges, celui de nous que désignera le sort, accomplira la sentence de ses frères au péril même de sa vie.

TOUS. Oui, oui !

PREMIER GITANO. Père ! quelqu'un vient de ce côté.

RITULOZO. Silence !.. (*Regardant.*) C'est Pacheco... Enfin !..

SCENE III.

Les Mêmes, PACHECO.

PACHECO, *à part*.. Mes frères, ici ! je les croyais partis.

RITULOZO. Pacheco, d'où viens-tu ?..

PACHECO. Du château, père !

RITULOZO. Mais tu devais en revenir hier... Pourquoi rester deux jours éloigné de nous ?..

PACHECO. Ma présence était nécessaire auprès de dona Isabelle.

RITULOZO. Si tu n'as pu guérir sa blessure, il n'est plus temps, car aujourd'hui même nous quittons le pays.

PACHECO. Aujourd'hui !.. dona Isabelle est guérie... Dans ce moment, elle fait une partie de chasse avec son oncle...

RITULOZO. Avec son oncle ? le comte de Soria ?..

PACHECO. Lui-même !

RITULOZO. Eh ! dis-moi, Pacheco, sais-tu de quel côté se dirige la chasse ?..

PACHECO. Le comte et sa nièce se sont donné rendez-vous ici.

RITULOZO. Ici, vous l'entendez, enfans, ici...

PACHECO. Que veulent-ils dire ?..

RITULOZO. Retirons-nous... cachés par les arbres ou dans les creux des rochers, nous attendrons l'instant favorable... Oh ! c'est le ciel qui nous le livre... Venez, venez, enfans...

(Ils sortent.)

SCENE IV.

PACHECO, *seul.*

Qu'ont-ils donc à me quitter ainsi?.. quel est leur projet?.. Quel qu'il soit, il me sert à merveille, je voulais être seul, seul pour l'attendre et la voir une dernière fois... C'est qu'il m'a semblé qu'en recevant mes adieux, elle avait attaché sur moi un regard de pitié... Oh! insensé, fou de parler ainsi!.. Elle, faire attention à un misérable Gitano; non, pas même.. quand il se roulerait d'amour à ses pieds... mais, n'importe, je veux la voir encore une fois, elle est si belle... la voici...

SCENE V.

DONA ISABELLE, Domestiques, PACHECO.

ISABELLE. C'est donc ici le lieu indiqué pour la halte de la chasse?

UN DOMESTIQUE. Senora, c'est l'endroit le plus frais de la forêt. On l'appelle le Saut du Taureau.

ISABELLE. Le Saut du Taureau!

UN DOMESTIQUE. C'est là que le torrent s'engouffre dans la terre, et ne reparait plus.

ISABELLE. Oh! c'est effrayant à voir... mais je suis un peu lasse pour ma première sortie.., Je vais me reposer ici... voyez si mon oncle vient de ce côté, pressez son arrivée, mais ne vous éloignez pas. (*Les domestiques sortent sur l'ordre d'Isabelle.*) Je vais attendre la chasse, asseyons-nous.

(*Elle va pour s'asseoir au pied d'un arbre.*)

PACHECO. Senora, vous serez mieux ici....

(*Il indique un banc.*)

ISABELLE. Que vois-je? Pacheco!..

PACHECO. Oui, senora, lui-même... ma présence vous affligerait-elle?

ISABELLE. Oh! je ne dis pas cela; seulement j'ai lieu d'être surprise de vous trouver... dans cet endroit.

PACHECO. C'est ordinairement ici que s'arrêtent les Gitanos, et je suis venu rejoindre mes frères.

ISABELLE. Ici, dans ce lieu si désert, si sauvage?

PACHECO. Oui, senora; cet aspect nous plait à nous, enfans des bois et des montagnes, qui fuyons les hommes et les villes pour respirer un air plus libre et plus pur.

ISABELLE. Ainsi, vous traînez toujours dans nos campagnes une vie errante et périlleuse?

PACHECO. Oh! vous nous plaignez, senora; vos yeux accoutumés au luxe et à la pompe des villes, se détournent de cette vie grossière. Oui, je l'avoue, l'existence des cités a cent fois plus de dignité et de noblesse que la nôtre. Je donnerais soixante ans de ma vie dans les montagnes, pour dix années dans votre monde, dona Isabelle.

ISABELLE. Que dites-vous?..

PACHECO. Cependant, il y a quelques vertus chez nous. Notre existence y peut être heureuse. Le monde est notre patrie et notre domaine; nous y règnons en maîtres, car nous ne sommes asservis par personne, et nous n'en reconnaissons qu'un seul, Dieu. Nous avons nos lois, nos mœurs, nos usages. Quiconque nous prendrait pour des barbares se tromperait étrangement, senora : dans nos tribus, il y a vénération pour le père, dévouement pour la famille, amour pour nos femmes, mais amour qui tient de la passion et du délire, amour qui s'étend sur toute notre vie pour l'embellir et la brûler, amour sauvage, amour éternel...

ISABELLE, *à part.* Toujours le même langage.

PACHECO. L'homme des villes n'aime trop souvent que pour tromper, lui, nous aimons pour aimer, nous... Dans notre amour, il y a force et faiblesse; dans notre amour, il y a supplice et bonheur; dans notre amour, il y a grandeur et courage... Oh! que le sourire d'une femme peut nous inspirer de grandes choses... Son désir est tout pour nous... Oui, que la femme qu'il aime commande, et sans hésiter, sans pâlir, le Gitano commettra jusqu'à des crimes, s'il le faut. (*Isabelle fait un mouvement.*) C'est ainsi que nous aimons, senora.

ISABELLE, *à part.* Quelle exaltation!.. (*Haut.*) Mais d'où connaissez-vous donc notre monde, Pacheco, pour en parler ainsi? pour pouvoir en comparer la vie avec la vôtre?..

PACHECO. Nos lois ordonnent qu'un homme par tribu sache lire dans vos livres et écrire dans votre langue, c'est moi que le sort a désigné pour cela.

ISABELLE. Eh bien! croyez, Pacheco, que vous êtes injuste, et qu'il peut y avoir aussi chez nous loyauté et générosité dans les affections...

PACHECO. Quoi! une femme de votre monde prendrait en pitié un malheureux, que son regard aurait brûlé d'amour!... elle daignerait sourire à celui dont tout le bonheur, dont toute la vie serait dans ce sourire?.. elle ne reculerait pas d'effroi devant une passion grossièrement exprimée, devant la passion d'un Gitano?..

ISABELLE. Pacheco! Pacheco!..

PACHECO. Oui, d'un misérable Gitano, d'un sauvage que le monde méprise, flétrit et repousse, d'un Gitano qui ose vous aimer...

ISABELLE. Vous oubliez!..

PACHECO. Que vous êtes la première des femmes, que je suis le dernier des hommes? non senora, non, ce que j'oublie, c'est d'aimer en silence, c'est de renfermer au fond de mon ame ce secret qui m'étouffe et me brûle... oui, senora, je vous aime!.. je vous aime avec passion, avec délire!.. avec fureur... vous, c'est mon ame; vous, c'est mon souffle; vous, c'est ma vie!.. il faut que vous sachiez cela, voyez-vous, pour que je m'abreuve de la froideur de vos traits, pour que je savoure votre mépris, pour que le désespoir me torture et que j'aie la force de dire en m'appuyant un poignard sur la poitrine : Je mourrai sans qu'elle soit à moi !..

ISABELLE, *effrayée.* Pacheco !.. Pacheco !..

PACHECO. Oh! ne craignez rien, je ne ferai pas un pas, pas un mouvement, si vous l'exigez... oh! pardon! pardon de mes paroles, pardon de mon aveu, de mon amour... si je fus assez téméraire pour le dire tout entier, appelez vos gens, faites-moi chasser, je mourrai pour expier mon crime... je ne murmurerai pas...

ISABELLE. Pacheco... je vous plains, je vous estime, je vous crois au-dessus des hommes parmi lesquels vous êtes né.... depuis un mois que je vous vois tous les jours, j'ai apprécié tout ce qu'il y a en vous d'ame et de noblesse native : vous avez des qualités que je serais heureuse de rencontrer dans un homme de ma classe... mais croyez-moi, Pacheco, mon nom, ma position, me donnent aussi des devoirs à remplir... votre amour, c'est un malheur pour vous... et l'affection inutile dont je pourrais payer la vôtre, ne ferait qu'aggraver vos souffrances !

PACHECO. Mais, si ce Gitano.. pouvait à force de courage et de persévérance, prendre rang parmi ces hommes auxquels il porte envie, obtenir sa part de cette civilisation qu'il admire !

ISABELLE. Oh! je connais toutes les préventions du monde où je vis, c'est impossible! malheureusement !..

PACHECO, *à part.* Malheureusement !.. oh! c'est possible alors... oh! ce sera.

(Bruit de cors qui se rapproche.)

ISABELLE. On vient de ce côté... ce sont mes gens... ils précèdent mon oncle... oh! partez, partez, Pacheco...

PACHECO. Oui, je vais partir maintenant... adieu, senora! pensez quelquefois à Pacheco, qui pensera à vous toute sa vie.

(Il sort.)

SCENE VI.

LE COMTE, DOMESTIQUES, ISABELLE.

ISABELLE, *à part.* Oh! mon Dieu!.. tant de courage et de dévouement perdu.. oh! que n'est-il mon égal !..

LE COMTE, *aux valets qui l'entourent.* N'importe! le cadavre de ce Gitano, ne peut être enterré en terre sainte... je veux bien qu'on ne laisse pas son corps sans sépulture, mais je défends qu'il entre dans nos cimetières... (*Les valets qui ont rapidement placé une tente et des siéges, sortent.*) Ah! vous voici, mon enfant...

ISABELLE. Quoi! mon oncle, vous parlez encore de ce pauvre Gitano que vous avez tué hier si impitoyablement ?..

LE COMTE. Vous avez raison, j'aurais dû me souvenir que c'est à un Gitano que je dois la guérison de ma nièce; mais c'est aussi à un Gitano que je dois la mort d'un des miens lâchement assassiné...

ISABELLE. Oh! mon oncle, avoir la mort d'un homme à se reprocher...

LE COMTE. Dites donc d'un Gitano !.. dona Isabelle, et non d'un homme... vous ne connaissez pas comme moi cette caste hideuse, ces hordes barbares qui infestent nos campagnes... vous ne savez pas combien leur présence est nuisible à l'Espagne, et je le sais moi : pendant quinze ans que j'ai été au pouvoir, il n'est pas de jour que je n'aie sévi contre elles... mais inutilement... ils échappaient toujours à ma justice... certes, celui qui parviendrait à exterminer cette race, aurait bien mérité de l'Espagne... mais laissons cela, je vous en prie, voici le lieu de notre halte, permettez que je vous offre quelques rafraîchissemens.

ISABELLE. Volontiers, mon oncle...

(Ils s'asseyent auprès de la table.)

LE COMTE. Eh bien! Isabelle, j'attends à tout moment la réponse du roi.

ISABELLE. Je l'avais oublié.

LE COMTE. Avez-vous oublié aussi la manière gracieuse et toute galante dont il vous a accueilli hier, lorsque sur votre prière il a daigné s'arrêter au château?

ISABELLE. J'ai accompli votre volonté ; mais, mon oncle, s'il faut vous dire toute ma pensée, à votre place j'aurais préféré la noblesse d'un exil à un demi-pardon arraché aux circonstances et presque à la pitié.

LE COMTE. Ma chère nièce, j'ai de la fierté dans l'ame autant qu'un grand d'Espagne doit en avoir, moi qui ne fus pas sans honneur ministre du feu roi ; depuis trois ans je languis dans ce château exilé par le fils, auprès duquel une intrigue de cour m'a disgracié ; mais je suis miné par l'oisiveté qui me dévore, et je demande à toutes les heures de la journée, les occupations, les travaux qu'elle m'offrait autrefois, qui étaient pour moi un tourment, mais un besoin... depuis trois ans, je n'ai d'autre joie que celle de suivre pas à pas, du fond de ma retraite, la marche de mon successeur; j'ai inscrit tous ses actes, j'en ai prédit tous les résultats... aujourd'hui, grâce à son inexpérience, une guerre désastreuse est allumée entre l'Espagne et le Portugal... le roi se met à la tête de ses armées, pour aller sauver la monarchie en danger, et dans sa marche passe devant la porte du comte de Soria... je devais l'attendre sur le seuil et lui dire : Sire, j'ai été pendant quinze ans ministre de votre père, et pendant quinze ans la paix et la prospérité ont régné en Espagne.

ISABELLE, *se levant.* J'aurais mieux aimé que le roi fit cette réflexion lui-même...

LE COMTE. Attendre que le roi pensât par lui-même, ce pouvait devenir un peu long... j'ai eu raison, puisque le roi m'a accueilli avec bonté, et a reçu de moi un mémoire où sont consignées mes idées sur la situation des affaires.

ISABELLE. Le mémoire aura le sort de tous ceux que vous lui avez déjà envoyés.

LE COMTE. Non, ma nièce; car cette fois le roi m'a dit en me quittant que je recevrais bientôt un message de sa part... c'est une parole royale... j'attends avec confiance et j'ai tout lieu de croire qu'il y aura plus d'une voix qui s'élèvera en ma faveur auprès du roi... ne fût-ce que celle de notre cousin, don Juan Mendoza, un de ses officiers favoris...

ISABELLE. Mendoza?..

LE COMTE. Oui, celui auquel j'ai promis votre main quand la guerre sera terminée... il ne demandera pas mieux que d'avoir pour oncle un ministre... d'ailleurs il vous aime tant, et je lui ai fait bien entendre que la meilleure manière de vous faire la cour était de parler souvent de moi au roi... vous-même vous devez user de tout votre crédit sur son esprit pour l'engager...

ISABELLE. Je n'ai rien à demander à mon cousin Mendoza.

LE COMTE. Mais enfin, c'est votre prétendu...

ISABELLE. Par votre volonté.

LE COMTE. Ne serait-ce pas aussi la vôtre?..

ISABELLE. J'ai promis de me prononcer après la guerre, jusque-là, j'ai droit de ne pas répondre à vos questions... mais qui vient de ce côté?..

LE COMTE. Je l'ignore, que peut-on me vouloir?..

SCENE VII.

LES MÊMES, UN DOMESTIQUE.

LE DOMESTIQUE. Monsieur le comte, le seigneur Mendoza arrive à l'instant, porteur d'un ordre du roi qui vous concerne.

LE COMTE. Mendoza!.. un ordre du roi... il est au château?.. ah! courons, courons, ma nièce...

LE DOMESTIQUE. C'est inutile, monsieur le comte, il a demandé où vous étiez, ainsi que dona Isabelle, et a voulu se rendre auprès de vous sur-le-champ.

LE COMTE. Il va venir, ma nièce, il va venir...

ISABELLE. Mon oncle, permettez-moi de me retirer.

LE COMTE. Quoi! vous voulez vous en aller au moment...

ISABELLE. Je veux rester étrangère à tout ce qui concerne la politique, je ne m'y connais nullement; si don Juan de Mendoza veut me voir, il me trouvera au château... (*A part.*) J'ai tant besoin d'être seule!

LE COMTE. Oui, oui, en effet, c'est plus convenable; allez, mon enfant, Mendoza et moi ne tarderons pas à vous rejoindre. (*Elle sort, à deux domestiques.*) Accompagnez dona Isabelle au château.

SCENE VIII.

LE COMTE, *un moment seul, puis* DON JUAN, DON MANUEL.

LE COMTE. Une lettre du roi!.. je tremble... que va-t-elle m'annoncer?.. oh ! sans doute la fin de ma disgrâce, de mon exil ; je n'ose m'en flatter... j'ai tant d'ennemis... ah ! le voici. Eh bien ! mon cher Mendoza, quelles nouvelles ?

DON JUAN. C'est vous, comte ; je pensais trouver ici dona Isabelle ?

LE COMTE. Elle part à l'instant pour se rendre au château où elle nous attendra... mais le roi, le roi, ne vous a-t-il rien remis pour moi ?

DON JUAN. Si fait, cette lettre... une bonne nouvelle sans doute, puisque pour la porter, il a choisi un de vos parens, et de plus un de ses plus chers officiers, don Manuel Sylva, mon ami.

(Le comte et don Manuel échangent un salut.)

LE COMTE, *prenant la lettre du roi.* Lisons, lisons vite. « Grandesse, la présente est » pour vous remercier dignement de l'hos- » pitalité que nous avons reçue de vous » dans votre château de Soria... les chan- » ces et les hasards de la guerre peuvent » nous retenir encore long-temps ; mais » dès ce jour, nous mettons un terme à » votre exil, et nous vous donnons rendez- » vous, après la campagne, dans notre » royale ville de Madrid. Vous nous y » présenterez votre nièce au premier bal » de la cour. Moi... le roi. » Oh ! mes pressentimens étaient justes ; plus de disgrâce maintenant ; sa majesté a fait justice, et dites-moi, Mendoza, que vous a dit le roi du mémoire que je lui ai présenté ?

DON JUAN. Qu'il ne l'avait pas encore lu ; mais, pardonnez à mon impatience, mon cher comte, il faut que je rejoigne à l'instant Isabelle... j'ai si peu de temps à la voir, et vous savez si je l'aime ; veuillez reprendre avec moi la route du château, je vous en supplie.

DON MANUEL. Vous n'y pensez pas, don Juan : le roi vous a ordonné de ne demeurer auprès du seigneur comte que le temps nécessaire pour remettre son message ; venez, il faut rejoindre à l'instant l'armée en marche.

DON JUAN. Repartir sans avoir vu Isabelle ! est-ce que cela se peut ?

DON MANUEL. Je vous dis qu'il y va de votre vie, qu'il y va de votre honneur ; faut-il vous révéler un secret que mon poste près du roi m'a permis de deviner ? Sa majesté veut surprendre l'ennemi par une marche forcée ; on peut le rencontrer d'un instant à l'autre ; un quart d'heure de retard, et l'action s'engage sans nous peut-être... et votre compagnie sera sans chef..

un quart d'heure plus tard, et vous devenez déserteur.

LE COMTE. Déserteur ! songez-y.

DON JUAN. Et c'est au moment d'un combat que vous voulez me priver de sa présence une dernière fois peut-être... oh ! mais vous voulez donc que j'aie peur dans la mêlée... car la mort, sans avoir dit adieu à Isabelle, c'est la seule qui m'épouvante.

DON MANUEL. Le temps presse, venez, venez, Mendoza, vous l'avez promis au roi.

LE COMTE. Partez, partez... la place d'un officier ne peut jamais être vide dans les rangs, que lorsqu'il a succombé.

DON MANUEL. De grâce, don Juan !

DON JUAN. Eh bien ! oui, je pars, puisque l'honneur de notre maison, l'honneur du nom que porte Isabelle l'exige, je ne brise pas cette épée qui me force à me séparer d'elle ; mais dites-lui, mon oncle, que je ne défendrai ma vie que pour la garder à son amour ; et que si je succombe, ma dernière pensée sera pour elle. Adieu, cher comte... à Madrid... à Madrid... au premier bal de la cour.

LE COMTE. Adieu, cher Mendoza, ne perdez pas de temps. *(Aux domestiques.)* Précédez ces gentilshommes, et indiquez-leur le chemin le plus court pour rejoindre l'armée. Mendoza, assurez le roi de mon dévouement.

(Mendoza et don Manuel sortent.)

SCENE IX.

LE COMTE, *seul.*

Madrid ! Madrid ! à ce nom seul, ma joie éclate et mon orgueil se réveille. Madrid, ville royale ; Madrid, je t'ai quittée en exilé, je vais te revoir en maître... Oui, le roi ne m'appelle pas en vain auprès de sa personne... des dignités, des honneurs, il ne pourrait m'en donner, je les ai tous ; je suis grand d'Espagne de première classe, et plus noble que lui ; il me donnera de la puissance... il est si jeune, le roi !.. les plaisirs du trône, voilà sa seule ambition ; passer ses troupes en revue, et changer de maîtresse, voilà sa vie ; la mienne sera de gouverner l'Espagne, de fonder ma gloire sur la sienne. Oui, j'entourerai le roi de plaisirs et de fêtes... quand il dormira, je veillerai ; quand il s'amusera, je régnerai. Ah ! qu'on me donne le pouvoir, je le rendrai puissant ; qu'on me donne de grands moyens, et je ferai de grandes choses ; qu'on me donne l'Espagne, et je dominerai le monde. Oui,

à moi tout un avenir de gloire.... A moi,
la vénération de mon pays... à moi, l'ad-
miration de l'univers!

(Ici, les Gitanos s'approchent tout-à-coup du comte.)

SCENE X.

RITULOZO, PEDRO, GITANOS, LE
COMTE.

RITULOZO. A toi la mort, comte de Soria !

LE COMTE. Qu'est-ce? que me veut-on?
où suis-je? qui êtes-vous?

RITULOZO. Des Gitanos, comte de Soria,
des Gitanos qui sont en deuil de leur frère
Camarillas; où tu es?.. tu es devant ce
gouffre sans fond, où sont tombés bien des
cadavres qui n'ont jamais reparu.

LE COMTE. Voudriez-vous m'assassiner?

RITULOZO. T'assassiner! nous en aurions
bien le droit peut-être... Qu'as-tu fait de
Camarillas, notre frère?... Mais les Gitanos ne veulent être que tes juges.

LE COMTE. Mes juges?

RITULOZO. Oui, noble comte, regarde-
les, ces hommes sauvages et grossiers qui
ne valent pas pour toi la balle du mous-
quet qui les tue : ils ne tirent jamais le
poignard qu'avec justice; tu vas compa-
raître devant eux, et ils vont te condam-
ner ou t'absoudre.

LE COMTE. Oh! c'en est trop..... moi,
me laisser juger par un pareil tribunal !

RITULOZO. Tu n'as pas même jugé Camarillas, tu l'as égorgé...

LE COMTE. Eh bien! puisque je suis
entre vos mains, mettez un prix à ma liberté, mettez un prix à l'existence de
votre frère, et je l'acquitterai.

RITULOZO. Le sang demande du sang,
et non de l'or. Je sais qu'au milieu des
villes l'or achète souvent l'impunité; mais
nous sommes au milieu des bois et des
montagnes, rien entre nous et le regard de
Dieu, et du creux de ces rochers il ne
peut sortir que justice à la face du ciel.

LE COMTE. Mais c'est impossible, je ne
consentirai jamais.

RITULOZO. Toute résistance est inutile;
tes gens sont retournés au château, et s'il
en venait d'autres, ils ne pénétreraient
pas jusqu'ici. D'ailleurs, il y aura toujours
plus d'espace entre toi et eux, qu'entre ton
sein et notre poignard; allons, noble
comte, reste debout devant tes juges, et
découvre-toi.

LE COMTE. Me découvrir, moi! ôter ce
chapeau de grand d'Espagne, qui ne quitte

pas mon front, même devant le roi ! non,
misérables Gitanos, vous n'avez qu'un
moyen de le faire tomber devant vous...
c'est avec la tête.

RITULOZO. Soit; mais réponds à nos
questions; car de tes paroles va dépendre
ta vie.

LE COMTE. Oh! c'est horrible, moi, jugé
par eux... moi, assassiné, peut-être, au
moment où cesse ma disgrâce, où les honneurs, la puissance, tout vient à moi... et
cependant je suis seul... seul au milieu de
tous ces hommes, sans espoir de secours..

RITULOZO. Es-tu prêt, comte de Soria?...

LE COMTE, se remettant. Prêt, oui...
puisque la force brutale est la seule qui
domine ici, il faut bien m'y soumettre.,.
mais je vous rends responsables, devant
Dieu et devant les hommes, du prétendu
jugement que vous allez rendre, Gitanos; je ne vous reconnais pas pour des
juges, mais pour des assassins. (Mouvement des Gitanos.) Oui, des assassins! Vous
pouvez me frapper maintenant sans m'interroger; car je ne répondrai pas à vos
questions : c'est au-dessous d'un grand
d'Espagne, et je veux du moins mourir
en grand d'Espagne.

RITULOZO. Frères, prions d'abord le
ciel ! (Ils se mettent tous à genoux.) Grand
Dieu, qui lis dans les cœurs, écarte des
nôtres tout sentiment de haine et de pitié!
Quiconque ne sent pas sa conscience libre,
se retire ou qu'il soit maudit. (Ils se relèvent.) Comte de Soria, tu comparais devant le tribunal des Gitanos, accusé d'a-
voir tué Camarillas, notre frère, sans qu'il
eût rien fait pour mériter ce sort. Qu'as-tu
à dire pour ta défense? (Le Comte garde le
silence.) Comte, qu'as-tu à dire pour ta
défense? (Même silence.) Tu refuses de répondre et de nous reconnaître! nous allons
prononcer sur ton sort malgré ton silence.
Comte, ce tribunal est un tribunal de re-
présailles. C'est le plus juste de tous. Une
dernière fois, qu'as-tu à dire pour ta défense? (Le Comte garde encore le silence.)
Mes frères, nous pouvons juger cet
homme.

PEDRO. Je demande que le Comte soit
précipité à l'instant dans le gouffre du
Taureau.

RITULOZO. Frères, vous n'ignorez pas
la rigidité de nos lois : elles veulent que la
peine de mort soit prononcée d'un vœu
unanime. Si une seule voix s'élève pour
l'accusé, il est libre. Oui, comte, c'est
parce que les Gitanos savent ce que vaut
une existence, c'est parce qu'ils savent

qu'il ne peut pas y avoir chez eux deux consciences qu'ils agissent ainsi. Frères, on a demandé la mort pour le comte de Soria, voulez-vous sa mort?..

TOUS. Oui, oui, sa mort.

RITULOZO. La demandez-vous d'une voix unanime ? la demandez-vous tous?

TOUS. Oui, tous !

SCENE XI.

LES MÊMES, PACHECO, *en scène depuis un moment.*

PACHECO, *sur le pont.* Arrêtez.

(Il descend en scène.

TOUS. Pacheco!

PACHECO. Je n'ai pas encore prononcé, et j'ai bien le droit de juger le meurtrier d'un de mes frères.

RITULOZO. Nul ne te conteste ce droit... A toi de parler, Pacheco, prononce, prononce à l'instant.

PACHECO. Il a suffi à mes frères de quelques minutes pour éclairer leur conscience; moi, je demande un jour pour décider de la vie d'un homme.

RITULOZO. Un jour ! nous ne pouvons te l'accorder... nous te donnons un quart-d'heure.

PACHECO. Soit; mais que je puisse parler à cet homme... il a refusé de vous répondre, à vous; à moi, il me répondra.

RITULOZO, *après avoir consulté du regard les Gitanos et obtenu leur assentiment.* Puisque tu le désires, Pacheco, tu vas rester seul avec cet homme pour l'interroger... mais souviens-toi de notre serment et de notre prière ; nous avons juré de prononcer la sentence sans haine et sans pitié. Quiconque ne le fera pas sera maudit... Venez, mes frères... dans un quart-d'heure.

(Les Gitanos se retirent et sortent de scène.)

SCENE XII.

LE COMTE, PACHECO.

PACHECO. Quiconque ne jugera pas sans pitié sera maudit... Je serai maudit, comte, car j'ai pitié de vous, je veux vous sauver.

LE COMTE. Me sauver!.. tu veux me sauver! Oh! mon ami, ma fortune, ma fortune entière...

PACHECO. Arrière, comte! vous m'offririez toutes les richesses des Indes, qu'elles ne me feraient pas commettre le crime... que pourtant je vais commettre pour vous...

LE COMTE. Le crime!..

PACHECO. Oui; c'est un crime de vous absoudre, car vous êtes bien l'assassin de Camarillas... c'est un crime de vous laisser la vie sauve, à vous qui avez égorgé froidement un malheureux sans défense ; et celui qui le commettra sent déjà les remords qui s'étendront sur le reste de sa vie ; celui qui le commettra se maudit déjà lui-même, et pourtant il va vous absoudre... vous voyez bien qu'il faut plus que de l'or pour l'y déterminer.

LE COMTE. Que voulez-vous dire?

PACHECO. Il faut une de ces passions qui brûlent et torturent l'homme, une de ces passions qui mettent le délire au cœur, qui étouffent la voix de l'honneur et de la justice, qui rendent fou, parjure, infâme!..

LE COMTE. Expliquez-vous enfin...

PACHECO. Comte de Soria, j'aime dona Isabelle.

LE COMTE. Grand Dieu! vous!.. vous!..

PACHECO. Moi-même... oui, moi, le Gitano! le sauvage... le bandit, moi, qui puis maintenant disposer de votre vie, et qui vous la laisse, si vous me donnez Isabelle pour femme.

LE COMTE. Qu'entends-je?.. Isabelle, votre femme ! oh ! ne l'espérez pas.

PACHECO. Il le faudra pourtant, si vous voulez vivre ; et malgré tous ces dehors de fierté et d'audace, vous craignez de mourir.

LE COMTE. Moi?

PACHECO. Oh ! tel est votre amour-propre, comte, que votre visage grimacerait encore le calme et la fierté jusque sous les poignards des Gitanos, pour qu'ils ne puissent point appeler lâche le comte de Soria! Mais qui pénétrerait jusqu'à votre cœur, y lirait la rage et le désespoir de voir s'évanouir en un instant ses projets d'avenir et d'ambition.

LE COMTE. C'est vrai!..

PACHECO. Comte, le temps s'écoule, consentez-vous?

LE COMTE. Non ; je ne puis consentir à donner ma nièce à un homme sans naissance, sans fortune, sans avenir, qui n'a pas un titre, pas un grade, qui n'est même pas Espagnol.

PACHECO. Espagnol ! eh bien! si dans un an je l'étais?.. si dans un an j'avais un titre, un grade, et que je vinsse vous demander votre nièce, que me répondriez-vous ?

LE COMTE. Alors!.. mais c'est impossible... Cessez de m'interroger.

PACHECO. Comte, parlez, parlez, au nom du ciel... tenez, voyez, mes frères reviennent : le temps est écoulé.

LE COMTE. Déjà?

PACHECO. N'oubliez pas que vos paroles vont dicter les miennes. Ou la vie sauve, ou la mort. Vous n'avez que le temps de me répondre.

LE COMTE. Eh bien! puisqu'il le faut... puisque c'est le seul moyen qui me reste, je m'engage à vous donner dans un an ma nièce si vous êtes Espagnol, si vous obtenez un titre et un grade, et si dona Isabelle consent.

PACHECO. Jurez-le par le Christ et sur votre blason.

LE COMTE, *à part.* Je n'ai rien à craindre, *(Haut.)* Je le jure!

∘∘

SCENE XIII.

Les Mêmes, RITULOZO, GITANOS.

RITULOZO. Pacheco, le temps est écoulé, nous venons chercher ta réponse.

PACHECO. Père, la voici: le comte de Soria ne doit pas être mis à mort.

(Murmures des Gitanos.)

PEDRO. Pacheco, tu mens à ton serment. A mort, le comte de Soria, à mort!

TOUS. Oui, oui, à mort.

RITULOZO. Arrêtez, Gitanos, arrêtez... respectez nos lois et nos sermens. La loi a dit que, si une seule voix s'élève en faveur d'un accusé, il sera absous et libre... la voix de Pacheco s'est élevée en faveur du comte de Soria, le comte de Soria est absous et libre; écartons-nous devant lui, livrez-lui passage, et respectez sa personne. Comte, vous pouvez partir.

LE COMTE. Adieu, Pacheco; adieu, Gitanos. *(A part.)* Je me souviendrai de vous.

PACHECO. Dans un an, comte!

LE COMTE. Dans un an.

(Tout le monde s'écarte devant lui. Il sort.)

∘∘∘∘∘∘∘∘∘∘∘∘∘∘∘∘∘∘∘∘∘∘∘∘∘∘∘∘∘∘∘∘∘∘∘∘∘∘

SCENE XIV.

Les Précédens, *excepté* LE COMTE.

PACHECO. Et maintenant, frères, à mon tour, je viens m'offrir à votre justice; j'ai commis un crime sans doute, en ne pensant pas comme vous; vos murmures me l'ont assez appris. Eh bien! me voilà encore devant vous. Jugez-moi, condamnez-moi, frappez-moi.

RITULOZO. Nul de nous n'a le droit de demander compte de sa conscience à son frère... c'est un secret entre Dieu et toi, qu'il n'est permis à aucun homme de sonder.

PACHECO. Merci, père, merci; mais avant que notre tribu se remette en mar-

che, il est une chose que je vous annonce avec peine: à dater de ce jour, je quitte les Gitanos.

RITULOZO Que dis-tu, Pacheco... toi, nous quitter... tu veux devenir homme des villes?

PACHECO. Oui, telle est ma résolution; elle est inébranlable.

(Murmures des Gitanos.)

RITULOZO. Inébranlable?

PACHECO. Mon choix est fait depuis longtemps. Je regretterai toute ma vie l'amitié de mes frères et la vôtre, père; mais s'il faut ici vous révéler mon ame tout entière, sachez que cette existence sauvage et vagabonde ne me suffit plus... il me faut des périls, des richesses, un nom, des honneurs.

RITULOZO. Des honneurs!..

PACHECO, *l'entraînant à part.* Oui, parce qu'il faut tout cela pour posséder une femme des villes, et que j'aime une femme des villes, moi, de tout l'amour d'un Gitano.

RITULOZO. Pacheco, tu renonces donc à tous les projets que j'avais sur toi?

PACHECO. Oui, car aucun d'eux ne me donnerait celle que j'aime.

RITULOZO. Et quel chemin prendras-tu pour arriver aux villes, malheureux?

PACHECO. Oh! soyez tranquille, père, j'y arriverai par les champs de bataille.

RITULOZO. Les champs de bataille?.. mais as-tu pensé?

PACHECO. J'ai tout calculé, tout prévu.

RITULOZO. Tout prévu!.. en effet, on dit dans le monde qu'un Gitano a le pouvoir de deviner l'avenir; as-tu deviné le tien?

PACHECO. Quel qu'il soit, je l'accepte avec joie, pour le prix que j'en attends.

RITULOZO. Ton avenir dans les villes, veux-tu que je te le dise? ce sera le mépris, la raillerie et l'insulte... jamais un Gitano ne trouvera de franche et loyale hospitalité parmi les hommes... et si jamais on te sourit, tremble, c'est qu'on te trahirait alors: la franchise, l'amitié, le bonheur, la liberté, et bientôt peut-être le pouvoir, voilà ce qui t'attend parmi nous; ici, tu aurais eu la première place; là-bas, tu n'auras jamais que la dernière; alors, trahi, insulté, désespéré, tu chercheras les bras d'un père pour y pleurer, les bras de tes frères pour te venger; tu voudras revenir parmi nous, il sera trop tard, peut-être, entends-tu! Pacheco, il en est temps encore... choisis.

PACHECO. Père, les momens sont précieux, le temps s'écoule, je veux partir... rendez-moi mes sermens et ma liberté.

RITULOZO. Il suffit. (*A part.*) Ah! le monde m'enlève le plus cher de mes enfans, celui sur lequel reposaient toutes mes espérances pour le commandement de la tribu. Eh bien! je le disputerai à ce monde qui me le ravit; je suivrai Pacheco pas à pas dans la ville, et je compte assez sur la perfidie de ses habitans, pour qu'enfin je leur arrache le Gitano, et je le ramène dans nos montagnes. (*Haut.*) Frères, vous savez nos usages... Dépouillez Pacheco de tous les insignes du Gitano, ôtez-lui cette résille qui remplace le turban maure, cette ceinture qui est l'emblème de la chaîne qui lie les Gitanos entre eux; ôtez-lui enfin ce poignard qu'il n'est plus digne de porter pour la défense de la tribu. (*Les Gitanos exécutent à mesure les ordres de Ritulozo. Ritulozo s'avance vers Pacheco*). Pacheco, je te délie de tes sermens et de ta soumission à nos lois; dès cet instant tu n'es plus Gitano; mais avant de fuir, souviens-toi que tes insignes seront conservés pendant un an et huit jours. Jusqu'à la fin du huitième jour, (*l'angelus sonne*) jusqu'au moment où sonnera l'angelus du soir, tu pourras venir redemander ce qui t'appartient... plus tard, il ne sera plus temps; adieu, Pacheco... songes-y bien, un an et huit jours... adieu!

PACHECO. Mon père, mes frères, ne me maudissez pas.... ne détournez pas la tête ainsi; cachez-moi cette douleur qui m'honore, mais qui me tue... cachez-moi vos larmes, ne tendez pas vers moi ces insignes, ou je ne puis plus partir... malgré moi je reste parmi vous... mais elle, elle qui m'attend peut-être... me réclame... m'appelle.. Oh! adieu, frères, adieu pour jamais... Isabelle! Isabelle!

TOUS. Adieu!

ACTE II.

Une magnifique salle de bal. Danses au fond.

SCENE PREMIERE.

DON MANUEL SYLVA, TORELLAS, *sur le devant.* DIFFÉRENS GROUPES *remplissent le théâtre.*

DON MANUEL. Que pensez-vous de cette fête, seigneur comte?

TORELLAS. Qu'elle est de fort bon goût.

DON MANUEL. Je suis de votre avis, et je n'en serais pas, que du moins, encore ici, je dirais la même chose. Que croyez-vous qu'ait été l'intention du roi, en nous donnant un bal de cour dans son palais de Madrid, à peine revenu des fatigues de la guerre?

TORELLAS. Apparemment de nous faire danser.

DON MANUEL. Je crois que c'est à quoi il songeait le moins en ordonnant ce bal.

TORELLAS. Et qu'avez-vous deviné au fond de ses intentions, jeune et profond politique?

DON MANUEL. Rien encore; mais je le découvrirai. Vous le savez, seigneur comte, nous sommes accoutumés à voir dans la conduite du roi autre chose que ce qu'il annonce... Il sait si bien cacher ce qu'il veut, qu'on ne croit plus à ce qu'il fait... Quel que soit son but, du reste, il y parviendra, car rien ne l'arrête pour satisfaire une fantaisie, et l'on ne découvre jamais d'où il est parti que lorsqu'il est arrivé.

TORELLAS. Rien ne l'arrête... prétendriez-vous dire que le roi...

DON MANUEL. Eh! par saint Jacques! c'est le roi qu'il nous faut, à nous autres jeunes gens. S'il fait quelquefois abus de son autorité, il finit toujours par se faire aimer, surtout des femmes, qui crient le plus contre lui... Eh! que pouvons-nous désirer de mieux?.. un roi brave, spirituel, qui ne peut entendre sans émotion la voix d'une jolie femme, comme le cliquetis d'une épée. Il ne croit pas à beaucoup de choses, mais il force les autres d'y croire: cela revient au même!.. Il assaisonne toujours une bonne action d'une épigramme, quelque fait d'armes glorieux d'une petite noirceur galante. Eh bien! on n'est pas roi pour se tout refuser; et d'ailleurs, s'il nous gouverne bien un peu despotiquement... nous n'avons pas droit de nous plaindre: ses fantaisiesle lui rendent bien.

TORELLAS. Est-ce que vous croyez que c'est en l'honneur de quelque ancienne maîtresse qu'il donne cette fête? Serait-ce pour la marquise de Monteny, pour dona Elmire d'Alméda?.. Mais non, il y a eu depuis leur faveur, l'interrègne d'une guerre.. Pensez-vous qu'il s'en souvienne encore?

DON MANUEL. Sans doute ; et autrement comment les éviterait-il ?

TORELLAS. Quelle est donc la reine de la soirée ?

DON MANUEL. Oh ! vous pouvez dire celle de la nuit... mais j'ignore sur qui tombera son choix.

TORELLAS. Et quand le saurons-nous, si nous devons le savoir ?

DON MANUEL. Oh ! pas avant demain matin.

(Ils sont interrompus par des danses ; ils se perdent au milieu des groupes. Quelque temps après, don Juan et Isabelle paraissent en causant.)

SCENE II.

ISABELLE, DON JUAN DE MENDOZA.

ISABELLE. Laissez-moi, don Juan, je vous en supplie.

DON JUAN. Vous ne m'écoutez pas, dona Isabelle.

ISABELLE. On ne peut pas faire deux choses à la fois... je regarde ; je n'avais jamais vu la cour, et malgré moi, je suis encore toute émue... le roi m'a parlé si long-temps, avec tant de bonté, tant de bienveillance... il m'a dit des paroles si douces... j'en ai rougi sans savoir pourquoi... et puis, ces salons si riches, ces toilettes magnifiques, ces milliers de girandoles qui se réfléchissent dans les glaces, et qui semblent nous enfermer dans une atmosphère de flammes ; tout cela m'étonne, me trouble et m'inspire à la fois de la crainte et du bonheur.

DON JUAN. Pourvu que cette apparence qui vous éblouit ne devienne pas une réalité terrible : ces guirlandes et ces draperies communiqueraient si vite un incendie que tant de flambeaux allumeraient si facilement ; mais je crains pour moi, je vous l'avoue, d'autres malheurs plus imminens... Vous souvenez-vous, dona Isabelle, que nous fûmes destinés l'un à l'autre, que sans me donner un consentement formel, vous ne parûtes pas éloignée d'accepter cette union, dont j'attends le bonheur depuis que je le comprends... puis-je continuer à espérer après le froid accueil que vous venez de me faire ?..

ISABELLE. Mais est-ce l'heure et le lieu de me tenir de pareils discours?.. et quand même je serais disposée à écouter des vœux auxquels seule je ne puis répondre, choisirais-je le moment où la foule immense pourrait interroger mon regard et entendre ma voix ?

DON JUAN. Ah ! ce regard et cette voix ont déjà prononcé une réponse... mon retour a paru vous déplaire... vous m'avez revu comme un importun qu'on a oublié, et non comme un ami qu'on attend... oui vous m'avez oublié, Isabelle ; jusqu'au moment où un ordre du roi vous a rappelée à Madrid, du château de Soria, vous avez été seule dans une province, n'ayant pour occuper votre pensée que vos sentimens... et vous n'avez pas eu un souvenir pour moi. Pendant ce temps, moi, chacune de mes heures, chacun de mes instans, soit le jour, soit la nuit, a été marqué par un péril, une fatigue ; mais aucun danger, aucune alarme, n'a pu bannir un moment votre pensée, qui me semblait une récompense, et qui maintenant ne peut plus être pour moi qu'un désespoir.

ISABELLE. Don Juan, voilà bien long-temps que je suis éloignée de mon oncle... cette absence pourrait être remarquée, laissez-moi retourner vers lui...

DON JUAN. Ah ! Isabelle, vous êtes impitoyable. Ah ! puissiez-vous savoir un jour quels sont les tourmens d'une passion sans espérance !..

ISABELLE. Arrêtez, Mendoza. (*A part*) Oh ! j'ai peur que son vœu ne soit déjà accompli. (*Haut.*) Don Juan, ne m'en veuillez pas... Encore une fois, songez que cette entrevue avec vous, ici, seule, peut me compromettre... et si vous insistiez pour me retenir, je ne reconnaîtrais pas là votre amitié pour moi, et vous offenseriez la mienne... et tenez, voilà qu'on se rapproche. On nous a vus ensemble !.. Ah ! don Juan, don Juan !

DON JUAN. Ne craignez rien, quand vous me parlez ainsi avec douceur, j'immolerais ma vie à un de vos caprices... que serait-ce donc pour une de vos craintes ?..

ISABELLE. Mais on approche.

SCENE III.

LES MÊMES, LE COMTE DE TORELLAS, DON MANUEL SYLVA, *revenant*, AUTRES GENTILSHOMMES, *au fond de la scène.*

DON MANUEL. C'est là une singulière aventure, n'est-ce pas que?.. Ah ! c'est vous, don Juan ? salut à dona Isabelle.

DON JUAN. Et de quoi riez-vous ?

DON MANUEL. Oh ! rien ; je contais à ces messieurs une plaisante histoire. Je leur disais qu'au nombre des Juifs, des repris de justice, des détrousseurs de grand' route, qu'on a engagés à la hâte parmi les volontaires de la dernière guerre, il y a eu une recrue plus étrange encore, et qu'un de ces Gitanos, que jamais l'or ni les séductions n'avaient pu jusqu'ici arracher à leurs peuplades errantes, avait pris rang parmi nos troupes.

ISABELLE. Que dit-il ?

DON MANUEL. Ce qu'il y a de plus malheureux pour notre homme, c'est qu'à la suite de je ne sais quel acte de courage, qui lui a valu une blessure, il a été nommé officier... Le roi a été mal inspiré d'exposer ainsi ce pauvre hère à une attention qu'il est si peu en état de soutenir. Tant qu'il a été confondu dans les rangs de nos soldats, on ignorait sa présence : c'était la seule manière de la lui pardonner... mais couvrir cet étrange personnage d'un uniforme d'officier... Encore si nous étions en saison de carnaval ; mais vous ne savez pas le plus étonnant de tout cela ?

DON JUAN. Et quoi donc ?..

DON MANUEL. C'est l'amour qui a apprivoisé cette bête fauve : l'étoile que notre Gitano a suivie est dans les yeux d'une de nos belles senoras. C'est pour entrer dans la société qui le proscrit, et pour se rapprocher de sa déesse, qu'il s'est enrôlé parmi nos troupes. Le chemin sera un peu long, surtout pour lui, vous me l'avouerez, mes gentilshommes.

ISABELLE, *à part.* Que je souffre !

DON MANUEL. N'est-ce pas, messieurs, que c'est là une plaisante histoire ?..

TORELLAS. Mais vous n'en dites point le plus piquant, c'est que ce bizarre personnage est dans ce moment-ci à se prélasser au bal comme le plus élégant et le plus noble de nos gentilshommes.

DON JUAN. Un Gitano au milieu de nous ! mais avant de l'y conserver, il faudrait y admettre tous nos soldats... ils sont espagnols, du moins, s'ils ne sont pas nobles. Quoi ? on nous imposerait ici un transfuge de cette bande de brigands ou d'assassins ! sa présence dans ce bal, le rendez-vous de la plus haute noblesse castillane, ne peut être que le résultat d'une erreur, et le roi, sans doute, nous remerciera de l'avoir averti de ce scandale qu'il ignore ; il faut chercher cet homme ; il faut l'expulser du bal... Isabelle, je vous reverrai... Venez, venez, messieurs.

(Sortie.)

∞∞∞∞∞∞∞∞∞∞∞∞∞∞∞∞∞∞∞∞∞∞∞∞∞∞∞∞∞∞∞∞

SCENE IV.
TORELLAS, ISABELLE.

ISABELLE, *à part.* Grand Dieu ! je respire à peine... est-ce lui qu'on menace ?.. a-t-il pu faire un tel miracle ?

TORELLAS. Qu'ils aillent chercher querelle à ce Gitano... j'aime mieux demeurer auprès de vous, ma belle senora... Sans doute, ce n'est point un simple voyage que vous faites à Madrid, et le roi y fixera votre séjour, ainsi que celui de votre oncle ?

ISABELLE. Le roi ?..

TORELLAS. C'est mon opinion, du moins... et tout-à-l'heure, on vient de me dire que vous aviez eu plusieurs fois l'honneur de figurer au quadrille de S. M. Cela annonce des projets...

ISABELLE. Des projets ?

TORELLAS. Il veut peut-être vous marier.

ISABELLE. Me marier ! vous croyez ? (*A part.*) O mon Dieu ! Il ne me manquerait plus que ce dernier malheur.

TORELLAS. D'où vient l'effroi qui semble se peindre sur votre physionomie ?.. Ah ! je me souviens... des projets d'alliance entre vous et votre cousin don Juan de Mendoza... mais peut-être est-ce celui-là même que le roi a choisi... (*bruit dans la galerie au fond.*) Quel est ce tumulte ? On vient par ici !.. oh ! je ne me trompe pas... tandis que don Manuel cherche d'un côté le fameux Gitano... le voici qui vient de l'autre.

ISABELLE, *remontant la scène.* Que dites-vous ! grand Dieu ! c'est lui !

TORELLAS. Tenez, l'on fuit devant lui comme devant un pestiféré... il est isolé au milieu des groupes qui l'environnent... Allons prévenir don Juan qui parcourt inutilement tous les salons.

(Il sort. Au fond, quelques groupes traversent lentement la scène, en désignant du doigt Pacheco dans la coulisse ; puis ils passent. Pacheco paraît à son tour : les suit du regard, puis descend rapidement la scène sans voir Isabelle.)

∞∞∞∞∞∞∞∞∞∞∞∞∞∞∞∞∞∞∞∞∞∞∞∞∞∞∞∞∞∞∞∞∞∞∞

SCENE V.
ISABELLE, PACHECO.

PACHECO. Et maintenant, serve qui voudra le roi d'Espagne, puisqu'il ne sait pas faire respecter le grade qu'il donne et le mérite qu'il récompense. Oui, je vais briser cette épée sur les murs, puisque je ne le puis faire sur la face de ces insolens gentilshommes qui fuient et s'écartent devant moi... car il n'est personne qui ne rougisse de demeurer un seul instant auprès du Gitano, personne...

ISABELLE, *s'approchant.* Excepté moi, pourtant.

PACHECO. Isabelle ! Isabelle ! se peut-il ?

ISABELLE. Oui, moi-même... moi qui devine pour qui vous avez fait tant de prodiges, moi qui veux vous empêcher de briser cette épée qui vous a rapproché de moi.

PACHECO. Vous m'attendiez, n'est-ce pas, dona Isabelle? vous m'attendiez, car vous saviez que rien n'est impossible à l'amour d'un Gitano, et j'avais juré de ne reparaître devant vous qu'Espagnol et capitaine. Ah! si je pouvais entrevoir qu'un jour, à force de devenir supérieur à tous les autres, le Gitano vous paraîtra enfin votre égal?

ISABELLE, *à part.* Que lui dire? je tremble qu'on ne nous voie, et cependant j'ai tant de bonheur à l'entendre. (*Haut.*) Ah! je n'oublicrai jamais que vous m'avez sauvée, et que vous avez gagné le droit de me revoir dans ce monde au prix d'efforts inouïs et de votre sang répandu; je suis née avec le titre d'une noble Espagnole, mais avec le cœur d'une femme juste et reconnaissante... je sais quel est votre dévouement pour moi, mon cœur vous le rend tout entier, et plût au ciel qu'autour de moi, on vous vît avec les mêmes yeux!

PACHECO. Grand Dieu! est-ce bien vous qui parlez? vous, dona Isabelle, au pauvre Pacheco? Ah! que m'importent les autres à présent? que m'importent leurs outrages, leurs dédains?... je les méprise à mon tour, je les oublie, je les ignore.... ou plutôt je leur rends grâce, car je leur dois votre pitié. Oui, l'homme qui est seulement estimé de vous est l'égal de tous; oui, votre bienveillance, et un jour votre amour peut-être, voilà mon droit de cité, voilà mes titres de noblesse.

ISABELLE, *à part.* Oh! mon Dieu! si l'on venait... (*Haut.*) Pacheco, Pacheco, vous ne pouvez rester ici plus long-temps.

PACHECO. Oh! laissez-moi vous voir encore, Isabelle, laissez-moi contempler ce regard qui ne s'abaisse pas sur moi avec mépris... laissez-moi croire que vous êtes fière d'avoir inspiré assez d'amour à un homme pour que du fond des déserts, il s'élève jusqu'aux palais des rois. Oui, cet homme, vous avez éclairé son ame, doublé sa force, fait battre son cœur; cet homme, vous l'avez dépouillé de son existence grossière et sauvage, cet homme vous comprend, cet homme vous respire... vous lui avez donné une nouvelle vie, vous lui avez donné l'espérance.

ISABELLE. Pacheco, Pacheco, prolonger cet entretien, c'est me faire mourir... d'un moment à l'autre, on peut venir, on peut vous insulter.

PACHECO. M'insulter!

ISABELLE. Ah! calmez-vous, ne vous emportez pas... laissez au temps à légitimer vos services, et à consacrer votre élévation... mais fuyez de ce palais à l'instant même... tenez, j'entends venir de ce côté.. ne les attendez pas... si vous m'aimez, Pacheco, quittez ce palais.

PACHECO. Mais du moins, Isabelle...

ISABELLE. Il ne faut pas qu'on nous voie ensemble... je retourne auprès de mon oncle. Adieu, adieu, Pacheco.

(*Elle sort précipitamment.*)

SCENE VI.

DON JUAN, DON MANUEL, TORELLAS, Seigneurs *arrivant en tumulte,* **PACHECO.**

TOUS LES SEIGNEURS. C'est lui, c'est lui... c'est le Gitano!

PACHECO. Ah! vous ne fuyez plus enfin! ce Gitano est ici par la volonté d'un Castillan plus noble que vous tous, du roi... il y restera par une volonté plus forte que toutes les vôtres, par la sienne.

DON JUAN. C'est ce que nous verrons: on a toléré un Gitano parmi nos soldats, mais parmi nos conviés, ce serait une dérision.

PACHECO. Merci, seigneur gentilhomme, vous me refusez ma part de la victoire et de la fête... mais il faut être juste, et j'avoue qu'en revanche, devant l'ennemi, vous m'avez laissé tous les périls.

DON MANUEL, *à don Juan qui fait un mouvement.* Don Juan, ne nous fâchons pas; n'est-ce pas une chose plus digne de curiosité que de colère, que la présence d'un Gitano parmi nous? mais dans les châteaux de nos gentilshommes les plus riches, n'en a-t-on pas toujours un pour divertir une société, et le roi n'a pas introduit sans doute celui-ci dans le bal pour un autre usage... Il faut savoir quels sont ses talens... Peut-être joue-t-il de la mandoline, peut-être va-t-il nous exécuter une danse nationale.

PACHECO. Pourquoi pas, seigneur don Manuel? je vous ai bien vu danser tout-à-l'heure, vous, grand veneur du roi, et exciter une hilarité dont vous ne vous doutiez pas... cela prouve qu'on peut très-bien exercer de hautes fonctions, et divertir beaucoup la société sans déshonneur.

DON MANUEL. Que dit-il?

TORELLAS. Ne nous fâchons pas, don Manuel, cet homme n'en vaut pas la peine; mais s'il ne sait point faire ce que vous demandez, au moins a-t-il d'autres talens...

peut-être pourra-t-il nous dire notre bonne aventure... je n'ai jamais vu un Gitano qui ne le sût pas, et n'est-ce pas que tu nous la diras, toi, le nouveau-venu ?

PACHECO. Votre bonne aventure ?.. mon talent n'est pas bien grand... vous avez mal jugé, mon président... c'est habitude sans doute... cependant j'essaierai de vous la dire à vous le premier... Votre main, votre main ? vous hésitez !... oh ! rassurez-vous, je ne veux pas la presser dans la mienne : quand vous présidez l'audience de justice, seigneur comte de Torellas, regardez bien ce qui est en face de vous.

TORELLAS. Quoi donc ?.. les accusés ?..

PACHECO. Non pas... le banc où ils sont assis... regardez-le bien de votre fauteuil de juge, comte de Torellas, on y vient de plus loin.

TORELLAS. Holà ! Gitano, ne hasarde pas de ces insolences avec moi... je représente pour tous, et même pour toi, la magistrature espagnole... et aux insolens qui l'outrageraient, je dois prompte et sévère justice.

PACHECO. Prompte et sévère justice !.. oui, vous avez raison, mon président, on doit toujours ce qu'on ne rend jamais.

TORELLAS. Insolent !

PACHECO. Et vous, don Manuel, vous avez pris pour vous élever la route de l'infamie... je n'ai que du bonheur à vous prédire... vous monterez bien haut.

DON MANUEL. Misérable !

PACHECO. Ah ! silence ! il y a encore un de vous avec qui j'ai un compte à régler. (S'approchant de don Juan.) C'est toi le plus insolent, mais avec qui du moins je puis me comprendre ; car tu es soldat comme moi... je n'ai qu'une chose à te prédire, tu périras bientôt.

DON JUAN. Et comment ?

PACHECO. Tué en duel !

DON JUAN. Par qui ?

PACHECO. Par moi !

DON JUAN. Par toi... mais il faudrait que je consentisse à compromettre, dans une rencontre avec un Gitano, mon épée de gentilhomme.

PACHECO. J'ai celle de capitaine.

DON JUAN. Ce ne peut être qu'un embarras pour toi... dans une main habituée à ne manier qu'un poignard, une épée d'officier doit sembler un peu longue.

PACHECO. Il y a un moyen, c'est d'en mettre la moitié dans le corps d'un insolent.

DON JUAN. C'en est trop... qu'il sorte à l'instant.

TOUS. Oui, qu'il sorte.

PACHECO. Sortir !.. me faire sortir... je vous trouve bien insensés de l'essayer... j'ai le droit de rester ici ; je l'ai acquis avec mon titre de capitaine... et ce titre, je ne l'ai point acheté par une bassesse comme vous, comte de Torellas, ni par le déshonneur d'une femme, comme vous, don Manuel Sylva... Je l'ai acquis devant l'ennemi, là où rien ne s'obtient sans le mériter, là où il faut payer de sa propre personne, exposer sa propre vie, et saigner de son propre sang... qu'on soit prince ou soldat, gentilhomme ou Gitano ; car dans les rangs de vos adversaires, il n'y a point de balles respectueuses, de boulets courtisans : les routes qui mènent à la gloire et aux honneurs sont à découvert sur le champ de bataille ; il n'y a plus d'intrigues dans la mêlée, plus de faux-fuyans devant l'ennemi, plus de chemin tortueux sur la brèche.

TOUS. C'en est trop... qu'il sorte !

(Ils entourent le Gitano. Celui-ci porte la main à la garde de son épée ; le roi paraît.)

SCENE VII.

LES MÊMES, LE ROI, PAGES, SUITE.

LE ROI. Eh bien ! messieurs, qu'est-ce ? qu'y a-t-il ?

DON JUAN. Sire, vous allez tout savoir.. c'est moi qui ai prétendu que c'est à votre insu qu'un Gitano s'est glissé dans ce bal ; oui, sire, un Gitano, sous cet uniforme d'officier ; un Gitano, tel que ceux qui infestent nos campagnes, et n'ont d'autre existence que celle qu'ils volent ou qu'ils mendient.

LE ROI. Je conçois votre répugnance, elle est naturelle... toutefois, vous auriez pu, avant de la manifester, vous informer si c'était moi qui avais introduit cet officier, et quels avaient été mes motifs à cet égard. Je le comprends, quand on est gentilhomme, grand d'Espagne ou dignitaire, il peut paraître singulier de se coudoyer dans un palais avec un Gitano, comme vous dites.. on ne s'est jamais trouvé en pareille occasion, mais vous ignorez sans doute quels dangers lui valent ses titres d'Espagnol et d'officier.

DON MANUEL. Quel danger, sire ? nous ignorons...

LE ROI. Rien d'étonnant à cela, aucun de vous ne s'y trouvait... Nous étions devant Coïmbre, en Portugal ; nous nous approchions pour une reconnaissance de remparts qui semblaient complètement déserts ; tout-à-coup une bombe sillonne l'air, et vient tomber à mes pieds avec la

mèche enflammée et prête à faire explo-
sion... un cri de « *sauve qui peut!* » se fait
entendre... trois ou quatre gentilshommes
des plus hautes familles d'Espagne pren-
nent la fuite, quelques autres poussent le
dévouement jusqu'à détourner la bride
de mon cheval pour le mettre au galop
dans la direction opposée à la bombe, mais
mon cheval, effrayé de ces efforts malen-
contreux et opposés, se cabre et me jette
à quelques pas du projectile dont la mèche brûlait toujours... un homme s'é-
lance alors, saisit la bombe avec la main
gauche, sa main droite était en écharpe,
et, ne pouvant éteindre la mèche d'une
seule main, il la coupe toute enflammée
avec ses dents et jette à mes pieds l'instrument de mort désarmé et inoffensif... Certes, s'il est sans exemple qu'un Gitano soit
admis dans un bal de cour, il n'est pas
non plus très-commun d'en trouver qui se
conduisent ainsi.

DON MANUEL. Se peut-il?

LE ROI. Cependant j'excuse votre vivacité à l'égard du capitaine Pacheco, mais à condition qu'elle ne se renouvellera plus; c'est moi qui vous demande sa naturalisation parmi nous. Le capitaine Pacheco ne peut nommer aucun aïeul, mais il en sera un glorieux lui-même; et quelle famille vient de plus haut que ne viendra la sienne, si l'on remonte dans la nuit des temps? Comte de Torellas, je tiens votre noblesse pour excellente... et cependant on m'a dit qu'un potier de terre de Ségovie, qui prit la carrière des armes, en fut l'origine; don Manuel Sylva, il n'est pas de maison en Espagne qui ne tint à honneur de s'allier à la vôtre, et cependant c'est un simple varlet que sa maîtresse épousa qui la fonda... Oh! je ne vous en estime pas moins; vous m'estimez bien vous-mêmes, moi qui descends en ligne directe d'un prince ou d'un soldat visigoth, purifié par le baptême; telle est l'origine du roi d'Espagne, et entre un Visigoth ou un Gitano la différence n'est pas grande... Cela vous a-t-il empêchés jamais de me baiser la main et d'accepter une faveur de moi?... Allons, mes gentilshommes, un peu d'indulgence; ce sont vos ancêtres le potier de terre de Ségovie et le valet anobli... et si ce n'est point assez, c'est mon aïeul, le roi ou le soldat visigoth, qui vous le demande par ma voie. Cette tolérance qu'on a montrée autrefois aux chefs de vos maisons, rendez-la aujourd'hui à Pacheco. Place au soleil pour tout le monde!...

DON MANUEL. Sire, pardonnez...

LE ROI. Assez, messieurs, votre excuse sera dans votre obéissance future.

PACHECO. Sire! je vous rends grâce.

LE ROI. Il suffit, capitaine... vos remerciemens seront dans **votre** conduite comme l'ont été vos titres. Mais j'entends le comte de Soria... messieurs, je désirerais être seul avec lui.

(Tout le monde sort.)

SCÈNE VIII.

LE ROI, *puis* LE COMTE. Suite du roi.

LE ROI. Les pauvres gens!... puisqu'ils refusent de l'élever jusqu'à eux, je les forcerai bien à s'abaisser jusqu'à lui... la noblesse que j'ai donnée à Pacheco n'est qu'un engagement pour lui de me bien servir... de lui seul il dépendra de la garder... C'est vous, comte?.. eh bien! comment trouvez-vous cette fête?

LE COMTE. Digne du roi qui la donne, sire.

LE ROI. Ce n'est point assez, je voudrais qu'elle fût digne de quelques-unes des femmes qui en font l'ornement. Digne de dona Isabelle, votre nièce, par exemple...

LE COMTE. Sire, votre majesté est trop bonne.

LE ROI. Non pas, cette beauté qui nous arrive du fond de l'Andalousie éclipse toutes les dames de notre cour,... et je voudrais que mes provinces ne m'envoyassent jamais d'autres députations... Dona Isabelle mériterait une couronne.

LE COMTE. Sire, votre majesté a-t-elle daigné jeter les yeux sur le travail que je lui ai présenté il y a un an.

LE ROI. Oui, oui, il m'a paru contenir d'excellentes choses, mais il est en opposition avec les idées de mon premier ministre... Tant qu'il sera là, il ne faudra pas songer à réaliser vos projets.

LE COMTE. Mais cependant, sire, puisque vous les approuvez, et puisque vous n'avez pas eu toujours à vous louer de la politique du ministre et de la guerre désastreuse qui en est résultée...

LE ROI. Je ne dis pas le contraire... mais changer en un instant la marche que j'ai suivie depuis que je suis sur le trône, me séparer d'un ministre à qui j'ai sans doute à reprocher des fautes, mais qui m'a fort souvent été utile, cela est effrayant; car il faut choisir entre vous deux... Tout se sait dans les cours; il a entendu parler de votre travail, il vous a vu ici, et il m'offre sa démission si je ne vous renvoie dès demain dans votre exil.

LE COMTE. Grand Dieu!

LE ROI, *à part.* Il se trouble.

LE COMTE. Quoi! sire, reconnaissez-vous ainsi mon dévouement pour vous?

LE ROI. Je ne dis pas cela... mais nous ne sommes pas ici pour nous occuper de politique..... Je retourne auprès de votre nièce... savez-vous qu'elle danse le fandango avec plus de grâce que les premiers sujets de mon Opéra?

LE COMTE. Oui, sire; mais, hélas! d'après la manière dont s'annoncent les choses, cette grâce et cette beauté que vous admirez seront bientôt ensevelies au fond de l'Andalousie; car ma nièce ne peut se séparer de moi, et moi, bientôt sans doute...

LE ROI. Eh! je n'ai pas encore dit cela.

LE COMTE. Le plus grand malheur de tout cela, c'est que sa majesté aura perdu en moi, sinon un homme éclairé et un grand politique, du moins un serviteur dévoué qui, pour la servir, sacrifierait tout.

LE ROI. Tout?...

LE COMTE. Oui, sire.

LE ROI, *à part.* Il est à moi; les gens qui sacrifient tout n'ont que l'égoïsme de l'ambition. (*Haut.*) Comte de Soria, je reverrai votre travail, peut-être en y réfléchissant contient-il le germe du bonheur de l'Espagne. Quel âge a votre nièce?

LE COMTE. Vingt ans, sire.

LE ROI. Vingt ans?.. vous saurez si vous devez rester à la cour, avant de quitter le palais ce soir, je ne fais jamais attendre ni les bonnes ni les mauvaises nouvelles. (*Tumulte; cris au feu.*) Mais quel est ce bruit?

SCENE IX.

LE COMTE, LE ROI, DON MANUEL,
SUITE DU ROI, SEIGNEURS, DOMESTIQUES.

DON MANUEL, *accourant avec tout le monde.* Ah! sire, sire! sortez à l'instant; le feu vient de prendre dans la galerie de l'Est.

LE COMTE. Oh ciel! où est ma nièce?

LE ROI. Oui, où est Isabelle de Soria?

DON MANUEL. Je l'ignore, sire.

LE ROI. Allez, comte, allez de ce côté, moi de l'autre; nous la retrouverons.
(*Le comte sort.*)

DON MANUEL. Mais, sire, vous-même songez que le péril...

LE ROI. Quelque péril que ce soit, les rois, dans leur royaume, comme les amiraux sur leur navire, ne doivent quitter leur place que les derniers.

Ils sortent tous deux. Bruit pendant la sortie du roi et la rentrée du comte.)

SCENE X.
LE COMTE, DON MANUEL.

(*Tumulte. Le reflet de la flamme se projette sur la scène. Le théâtre se remplit de groupes effrayés.*

LE COMTE. Isabelle!... Isabelle!... je ne la vois pas... je ne l'ai pas trouvée... où peut-elle être?... voyons de ce côté...
(*Il fait quelques pas, et est suivi par un groupe. Tout-à-coup, on entend un grand éboulement; tout le monde pousse un cri: un instant après entre don Manuel.*)

LE COMTE, *à don Manuel.* Qu'est-ce?.. qu'y a-t-il?...

DON MANUEL. Ah! si vous saviez... ce Gitano...

LE COMTE. Eh bien?...

DON MANUEL. Il s'est élancé, seul, une hache à la main, au milieu des flammes... a appliqué une échelle contre le mur et coupé la poutre enflammée qui allait communiquer l'incendie à ce bâtiment... au même instant, le toit s'est écroulé, et le malheureux écrasé sans doute sous ses débris...

LE COMTE, *à don Manuel.* Eh bien! Isabelle?

DON MANUEL. Elle est sauvée!.. Pacheco venait de la transporter évanouie jusqu'à votre voiture qui s'est rapidement éloignée...

LE COMTE. Ah! merci, merci! je cours la rejoindre... (*Il s'arrête devant une croisée.*) Mais ma voiture est encore là... oui, voilà mes gens qui attendent... Grand Dieu!..... ma nièce..... où est-elle?..... en quelles mains l'a-t-on remise?...

DON MANUEL. C'était, je crois, un domestique du roi.
(*Le bruit se renouvelle; don Manuel et la foule sortent; le comte reste seul.*)

LE COMTE, Un domestique du roi!.. Eh! mon Dieu! dans quelle voiture est-elle donc partie?... Ah! quelle idée subite me frappe!.. à la faveur du trouble, de l'incendie, le roi aurait-il osé... oh! oui, le roi avait remarqué Isabelle... il lui a parlé sans cesse... il me jetait son nom toutes les fois que je lui parlais de moi.... Oh! plus de doute... et je le souffrirais? non, dussé-je enfoncer les portes du palais, dussé-je lutter avec le roi lui-même, ce n'est pas trop que le sang d'un roi pour laver la tache faite à l'écusson d'un Soria. Je sauverai Isabelle! courons.

TORELLAS. Le roi, qui vient de quitter le bal après avoir vu éteindre l'incendie, m'a chargé, seigneur comte, de vous remettre cette lettre.

LE COMTE. A moi! (*il l'ouvre rapidement*) « Grandesse, nous vous informons que

» nous vous avons nommé aux fonctions
» de premier ministre de notre royaume ;
» vous en remplirez immédiatement les
» devoirs et vous serez installé en cette
» qualité dans notre propre palais. » Je
suis premier ministre, moi... le premier du
royaume, après le roi... avant le roi
même !.. mais ma nièce !... ah !... le ver-
tige me prend, je n'y vois plus !..

SCENE XXI.
LE COMTE, PACHECO.

PACHECO, *entrant, ses vêtemens déchirés et une hache à la main.* Il y aura un an dans huit jours que le comte de Soria me promit la main de sa nièce si j'acquérais un grade et un titre... je suis Espagnol et capitaine, et je viens de sauver Isabelle ; dans huit jours je me présenterai à l'hôtel du comte de Soria.

ACTE III.

Le théâtre représente un jardin.

SCÈNE PREMIÈRE.
ISABELLE, *lisant une lettre.*

« Prenez pitié de moi, Isabelle !.. depuis
» un mois que je subis votre absence, mes
» soupçons, mes craintes me dévorent et me
» tuent, depuis un mois je ne vis plus; il faut
» que je vous voie à tout prix, fût-ce de
» loin, fût-ce en présence d'un autre !...
» mais que je sache du moins que vous ne
» m'avez pas repris cette bienveillance que
» vous m'avez laissé entrevoir !.. est-ce
» votre oncle qui vous retient prisonnière ?
» est-ce don Juan qui vous fait peur ?...
» mon bras peut-il vous servir ? tout mon
» sang est à vous... ah ! je ne crains que
» votre indifférence, que votre dédain ;
» mais rassurez le gitano contre cet horri-
» ble soupçon... aujourd'hui, je dois me
» présenter chez votre oncle pour lui de-
» mander votre main qu'il m'a promise...
» oh ! que ce ne soit pas vous qui me la
» refusiez, si vous ne voulez pas que ma
» raison s'égare, si vous ne voulez que je
» meure de désespoir. »   PACHECO.
Oh ! qui m'eût dit, il y a huit jours qu'une
pareille lettre ne serait pour moi qu'un
amer regret et un sanglant reproche ! un
reproche... oh ! non... je suis innocente :
trompée par la ruse, flétrie par la violence !.. je suis innocente devant Dieu !..
innocente, et pourtant, je viens au
rendez-vous que le roi m'a demandé...
C'est en vain que j'ai quitté Madrid pour
venir habiter ce château du comte de
Soria, le roi m'y poursuit encore... Aujourd'hui, il doit quitter sa chasse et se
rendre ici... ici, où je l'attends... Ah !
cette entrevue sera la dernière; elle servira
à me séparer à jamais de ce monde où je
n'attends que remords et malheurs... Mais
on vient de ce côté... Ah ! c'est lui.

SCENE II.
ISABELLE, LE ROI.

LE ROI, *à part.* Enfin, elle est venue !.. voyons si elle est aussi impitoyable que ses lettres. (*A Isabelle.*) Eh quoi ! des lar-mes, Isabelle, savez-vous que cela est bien cruel pour moi; c'est à tort qu'on nous dit tout-puissants, nous autres rois ; notre parole fait obéir tous les bras, mais notre amour n'a pas même le pouvoir qu'a celui de tout autre homme : car il ne sait pas se faire pardonner ses fautes...

ISABELLE. Ses fautes?.. ne sont-ce pas des crimes, quand elles vous font sacrifier l'avenir tout entier d'une femme à une fantaisie d'un moment...

LE ROI. Mais votre avenir, Isabelle, n'a rien qui doive tant vous effrayer... tous les titres, tous les honneurs, tous les plai-sirs sont à vos pieds.

ISABELLE. Et la honte et le remords dans mon cœur...

LE ROI. La honte !.. les remords... mais ils ne doivent être que pour moi, puisque les ruses et la violence m'ont acquis seules un bonheur dont je m'efforcerai de me rendre digne, et que je mériterai, n'est-ce pas?.. oh ! ne m'enlevez pas toute espéran-ce... dites, quelle faveur voulez-vous?... qu'est-ce qui peut vous tenter?.. rien ne me coûtera pour vous satisfaire.

ISABELLE. Il en sera alors pour vous de mes volontés, comme il en est de vos ca-prices, sire ! mais je vous rends grâce... je n'ai plus rien à désirer au monde, je n'ai plus qu'à regretter...

LE ROI. Isabelle ! Isabelle !..

ISABELLE. Ah ! si fait; il y a une chose que je puis encore vous demander... c'est que le silence le plus profond ensevelisse à jamais ma honte, et vous savez ce que je réclame de vous pour y parvenir ; quand on n'a plus le droit d'être aimée, on peut vouloir être estimée encore.

LE ROI. Quand on n'a plus droit d'être aimée... mais moi, je vous aime...

ISABELLE, *se levant.* Et moi, je ne vous aime pas, sire : on peut souiller l'honneur d'une femme, mais atteindre à son amour ! oh ! tout roi que vous êtes, ne vous en flattez pas... vous êtes plus loin que jamais d'obtenir mon cœur... et maintenant vous m'offrez vos affections, et qui vous a dit que les miennes étaient libres?.. qui vous a dit qu'en me perdant vous n'avez fait le malheur que d'un seul être au monde?..

LE ROI. Isabelle !.. et quel est ce seigneur que vous préférez au roi?

ISABELLE. N'y a-t-il qu'à la cour que puisse se rencontrer un homme loyal et digne d'être aimé ?

LE ROI. La nièce du comte de Soria, ne peut faire un choix indigne d'elle !.. oh ! répondez, qui a osé prétendre à cette tendresse que j'ambitionne !..

ISABELLE. Et quel droit avez-vous de me le demander?..

LE ROI. Je suis votre roi et de plus... si j'étais jaloux ; don Juan a été refusé par vous !.. c'est en vain que votre oncle a voulu conclure cette alliance projetée par vos familles !..

ISABELLE. Epargnez-vous ces questions; ce n'est point un seigneur... c'est un homme qui est plus encore ; il s'est élevé par lui-même, par son honneur, par son courage; quant à son nom, vous ne le saurez pas !.. j'ai trop appris qu'il y a du danger quelquefois à être connu du roi.

LE ROI, *à part.* Que dit-elle?.. serait-ce ce gitano dont on m'a parlé?.. serait-ce cet homme, qui n'existe que par ma volonté qu'elle aurait préféré à don Juan et à moi? (*Haut.*) Ainsi je ne peux espérer de fléchir votre ressentiment... mes prières, mes offres, tout est inutile.

ISABELLE. Vous oubliez, sire, qu'il y a deux choses que je vous ai demandées , le silence et un cloître !..

LE ROI. Un cloître; mais cette dernière condition est un obstacle à l'autre... que penserait-on d'une femme qui, subitement, irait s'ensevelir dans une cellule?.. ce brusque changement ferait croire inévitablement à des remords, et des remords font supposer un crime...

ISABELLE. Que dites-vous !.. il ne me reste plus même le silence et la prière!.. Quoi ! vous avez fermé pour moi jusqu'à ce dernier asile?.. ah ! il ne me reste donc plus que la tombe !.. si ma mort toutefois

n'est pas encore un aveu... quoi ! l'on pourrait soupçonner jamais?.. et celui que j'aime viendrait à deviner?... ah! malheureuse!.. devant ce dernier péril ma tête s'égare... mais que faire?.. mais que devenir alors?.. de quel droit dois-je souffrir du crime que je n'ai pas commis?... Quoi! pas une réparation, pas une consolation au monde!.. non, non... rien!.. plus rien... il est trop tard!.. sire... oh ! vous m'avez perdue!

(Elle sort.)

SCENE III.

LE ROI, *seul.*

Cette femme-là n'est plus assez jolie pour avoir tant de caprices. C'est qu'à force de pleurer... elle finira par enlaidir. Je suis las de combats, de larmes, de scrupules et de remords... et penser que c'est pour un gitano dégrossi, que moi, le roi d'Espagne... il faut vraiment qu'elle soit insensée... Mais voilà déjà les seigneurs de ma cour qui me cherchent de ce côté... Heureusement Isabelle est partie.

SCENE IV.

LE ROI, LE COMTE, Seigneurs.

LE ROI Eh bien! qu'est-ce messieurs?.. qu'y a-t-il ?

LE COMTE. Sire, l'ambassadeur de Portugal se rend à la partie de chasse de votre majesté, et demande à lui présenter ses hommages.

LE ROI. L'ambassadeur de Portugal! déjà!... Allons le recevoir, messieurs; il il est sans doute porteur de bonnes nouvelles. Je vous reverrai, comte.

(Il sort.)

SCÈNE V.

LE COMTE, *seul.*

Il va trouver l'ambassadeur de Portugal... Quelle affaire si secrète ont-ils donc à traiter ensemble, que le premier ministre y soit de trop?... (*Un secrétaire entre.*) Ah! c'est vous... Je ne veux pas entendre parler d'affaires aujourd'hui.

LE SECRÉTAIRE. Monseigneur, le secrétaire de sa majesté vient de me faire transmettre ce rapport, approuvé par le roi; et, comme je sais l'importance que vous y attachez...

LE COMTE. Ah!.., enfin, vous avez bien fait ; je dois tout quitter pour cette affaire.. Ces vils gitanos, sur qui j'ai à venger l'assassinat d'un parent et presque le mien. Oh ! je m'attacherai à ces hordes jusqu'à ce que j'aie réglé avec la dernière d'entre elles ce terrible compte ! Je détruirai à la fois dans les hommes et les enfans leur présent et leur avenir. J'achèverai mon œuvre en rayant leur nom à jamais de notre histoire !.. Oh ! oui !.. je le jure, ils connaîtront toute la force du bras qu'ils ont attiré sur leurs têtes ; et cette fosse qu'ils avaient creusée à mon frère, je la ferai assez large pour y faire tomber tout entière leur exécrable race ! Allez ! qu'on expédie à l'instant cet ordre, et qu'on envoie un courrier sur toutes les routes.

(Le secrétaire sort, et un domestique entre.)

UN DOMESTIQUE, *entrant.* Le capitaine Pacheco réclame instamment une audience, et comme il dit que vous la lui avez promise...

LE COMTE. Ah ! je l'avais oublié... je ne pensais pas que Pacheco le capitaine dût venir réclamer l'exécution de la promesse faite au gitano Pacheco... il peut entrer... (*le domestique sort.*) Ne doit-il pas s'estimer assez heureux s'il est excepté de la proscription ?

(Le domestique introduit Pacheco.)

SCENE VI.

PACHECO, LE COMTE.

PACHECO. Comte, je vous rends grâce : la facilité avec laquelle je me vois introduit près de vous, m'est un sûr garant de votre fidélité à tenir votre parole ; et d'ailleurs je sais quelle est sur ce chapitre l'exactitude scrupuleuse d'un Castillan ; mais pardonnez à des inquiétudes que je n'ai pas encore le droit d'exprimer. D'où vient que dona Isabelle n'est point sortie depuis long-temps ?

LE COMTE. Ma nièce était à peine remise des fatigues du voyage... mais je ne sais si j'ai bien compris le motif qui vous amène.

PACHECO. Le motif?.. ne l'avez-vous pas deviné ? Interrogez vos souvenirs... rappelez-vous la promesse que vous m'avez faite devant la mort... la main de votre nièce, si elle consentait à me l'accorder, et si j'acquérais un titre et un grade... J'ai droit d'espérer que dona Isabelle consentira... et quant à moi, je suis Espagnol, officier...

LE COMTE. Eh bien ! alors si vous l'êtes réellement, si vous avez acquis ces principes d'honneur et de délicatesse qui sont le caractère de notre nation, vous devez comprendre qu'une promesse arrachée par la violence, entre un gouffre béant et des poignards levés sur moi, ne peut être invoquée loyalement.

PACHECO. Que dites-vous?.. je ne puis vous comprendre ; vous pourriez renier cet engagement solennel !

LE COMTE. Le renier, non, mais le désavouer, peut-être.

PACHECO. Vous oseriez!... Ah ! je le vois, votre loyauté a duré juste autant que votre péril ; mais cette loyauté doit renaître en ce moment dans votre cœur, car, de par le ciel ! comte de Soria, vous me devez la vie et justice, et vous choisirez de me rendre l'une ou l'autre.

LE COMTE. Pacheco , Pacheco , j'ai de la reconnaissance pour vous ; elle ne vous fera jamais défaut en tout ce qui peut vous être accordé ; mais la main de ma nièce... jamais un pareil sacrifice...

PACHECO. Mais n'en ai-je pas fait aussi, moi, des sacrifices... je me suis fait soldat espagnol... je suis descendu à toutes les humiliations de ce métier, où la gloire seule console de la servitude, et le péril de l'avilissement. J'ai supporté, pour apprendre votre discipline, les injures, les railleries, les châtimens de chefs impitoyables, qui me méprisaient ; je ne suis pas sorti en fureur de mon rang sous le plat de l'épée qui soufïletait mon uniforme ; je me suis jeté dans les périls les plus effrayans, au chemin le plus court pour arriver à mon but, et je ne comprends pas que j'y aie échappé... c'est la mort elle-même que j'ai attaquée face à face, par qui je fus nommé capitaine... et maintenant vous voulez m'enlever le prix de tout cela, vous voulez que j'aie en vain tout sacrifié !.. Oh ! non, cela ne se peut, comte, vous ne seriez pas un Castillan pour être esclave de votre parole, que vous seriez encore un homme, pour écouter la voix de la justice.

LE COMTE. Mais quand je consentirais, qui vous dit que dona Isabelle le voudra à son tour ?

PACHECO. Dona Isabelle?.. mais je l'ai vue à ce bal... elle m'a laissé entrevoir... cependant se rétracterait-elle?.. mais alors que je la voie, qu'elle me le dise elle-même.

Le roi paraît au fond.

LE ROI, *à part.* Isabelle ! il n'y a plus de doute, c'est lui qui est aimé !

LE COMTE. Je ne puis rien vous dire aujourd'hui.

PACHECO, *avec colère.* Rien !

LE COMTE. Rien... je dois me consulter avec Isabelle... et d'ailleurs le mariage de la nièce d'un premier ministre est presque une affaire d'État, et ne peut se conclure sans le consentement du roi.

SCÈNE VII.

LES MÊMES, LE ROI.

PACHECO. O mon Dieu ! le roi !

LE ROI. Vous avez raison, comte de Soria ; le roi, et l'intention du roi est que vous teniez votre parole, et que vous donniez votre nièce à ce brave jeune homme, officier par sa valeur, votre neveu par votre promesse, noble par ma volonté de ce moment.

PACHECO. O mon Dieu ! le roi.

LE COMTE. Quoi ! sire, vous voulez?..

LE ROI. Qu'on soit fidèle à tous ses sermens : vous en avez fait un aussi envers moi, et je tiens à avoir ici une preuve nouvelle de votre loyauté... Nous signerons au contrat de mariage de don Pacheco... Voulez-vous vous appeler Villareal.

PACHECO. Sire !

LE ROI. Don Pacheco de Villareal, et elle dona Isabelle de Soria.

PACHECO. Ah ! sire, pardonnez l'émotion, la joie ; mon Dieu ! est-ce un rêve ?

LE ROI. Don Pacheco de Villareal, voici ma main. Ce soir, ici même, nous concluerons votre mariage.

PACHECO. Sire ! oh ! je ne sais comment dire, comment répondre... Quoi ! toujours sur mes pas, dans toutes les circonstances de ma vie, pour me signaler vos bienfaits ; vous, sur le champ de bataille pour me récompenser de ma blessure avec un grade ; vous, au bal de la cour pour venger mes affronts avec une seule parole ; vous, encore ici, pour m'élever jusqu'à l'union qui est mon seul bonheur au monde. Ah ! sire !.. je n'ai que ma vie et mon épée ; mais jusqu'à ce qu'elles se brisent toutes les deux, sire, elles sont à **vous**.

(Il sort.)

SCENE VIII.

LE ROI, LE COMTE.

LE COMTE, *à part.* Allons, je suis disgracié !

LE ROI. Comte, j'ai eu tort d'accuser votre zèle : vous aviez à merveille exposé la question à l'ambassadeur de Portugal Recevez mes remercîmens.

LE COMTE. Je m'y perds... mais, sire, je crains que dona Isabelle ne consente pas à ce mariage.

LE ROI. Mais n'aime-t-elle pas Pacheco, comme elle en est aimée ?

LE COMTE. Peut-être... mais...

LE ROI. Vous êtes un trop bon politique pour ne pas la déterminer à cette union. Je sens que la passion m'a emporté à de graves excès, et je veux les réparer...

LE COMTE. Nul ne s'attendait à cette conversion.

LE ROI. Je ne me convertis pas ; c'est plus sérieux ; je me marie. C'est pour la félicité et la grandeur de l'Espagne. J'épouse la fille du roi de Portugal.

LE COMTE. Vous, sire? (*A part.*) Je comprends tout, maintenant... Oui, il faut qu'elle épouse Pacheco !

LE ROI. L'ambassadeur m'a montré le portrait de la princesse ; il est d'une beauté.. non, je n'ai jamais rien rêvé d'aussi parfait ; et une femme qui m'apporte en dot une province, pouvait se dispenser de beauté.... c'est du luxe.

LE COMTE, *à part.* Allons! du moins maintenant, ma faveur ne tiendra plus à des caprices de femme, ou bien à des concessions honteuses. Ma grandeur, comme ma chute pourra être honorable dorénavant.

LE ROI. J'aperçois Isabelle... elle vient de ce côté ; je vous laisse avec elle... soyez habile ici comme vous l'avez été tout-à-l'heure.

SCENE IX.

LE COMTE, DONA ISABELLE.

LE COMTE. Allons! une dernière humiliation.

ISABELLE. Ah ! c'est vous, comte..... je vous cherchais. Je veux retourner au fond de l'Andalousie ; il n'y a plus qu'une chose que je puisse envier, c'est la solitude. J'irai la chercher hors de cette ville odieuse, hors de l'Espagne, hors de la vie, s'il le faut.

LE COMTE. Calmez-vous, Isabelle... je voulais vous faire part d'une entrevue qui a eu lieu tout-à-l'heure, et dont la connaissance apportera peut-être quelques changemens à vos projets de désespoir. C'est Pacheco qui est venu me demander votre main, au nom d'un consentement que vous lui avez accordé et d'un engagement que j'ai pris avec lui, et quelque forcée qu'ait été cette promesse, je dois la tenir, si vous y consentez, Isabelle.

ISABELLE. Pacheco!.. il ne manquait plus que ce dernier malheur... mais vous oubliez qu'il est quelqu'un à qui l'on a donné (je devrais dire qu'on a vendu) des droits sur ma personne, et qui ne permettra peut-être pas ce mariage... c'est le roi...

LE COMTE. Mais c'est le roi lui-même qui veut ce mariage; et qui désire qu'il soit conclu dès demain.

ISABELLE. Le roi!.. c'est lui qui a dit... c'est lui qui veut... Ah! pauvre fille! te voilà pardonnée! l'outrage que tu reçois est plus fort que la faute que tu as commise... Ah! le roi veut... Vous avez bien tardé à me révéler le seul mobile de votre conduite... comte de Soria... vous qui auriez toujours repoussé Pacheco, s'il n'avait eu d'autres droits que votre parole et mon amour, et si cette union eût été un honneur pour lui, vous l'accueillez aujourd'hui qu'elle ne peut plus faire que son opprobre... Le roi le commande... ah! je vois tout... Vous m'avez fait bien long-temps attendre le mot de cette énigme... Quoi de plus naturel pourtant que cela!.. le roi se lasse de ma résistance... Il fallait me dire: Isabelle, j'ai vendu ton honneur au roi... maintenant, je lui vends ton mariage; ah! je vous le jure, alors, comte, cela m'eût si peu étonnée que je ne vous aurais même pas demandé combien!

LE COMTE. Isabelle!...

ISABELLE. Et vous avez pu croire que je me ferais la complice de cette infâme trahison, où l'on veut perdre l'honneur de Pacheco! Vous avez cru que je me laisserais vendre tranquillement à l'un comme à l'autre... que je ferais aussi bon marché de sa confiance que vous en avez fait de la mienne; ah! certes, comte de Soria, vous avez de merveilleux expédiens pour conserver un pouvoir qui vous échappe... il vous fallait de la puissance à tout prix, et vous m'avez livrée au roi... Vous avez souffert que, pour triompher d'une malheureuse jeune fille dont la résistance n'eût cessé qu'avec sa vie, on l'endormît avec un philtre infernal... Si je n'avais pas succombé, vous ne seriez pas ce que vous êtes; mais mon malheur vous a valu votre élévation : on vous a payé mon opprobre d'un titre, et mon désespoir d'un ministère. Qui sait? en montant par la route de l'opprobre, vous ne vous seriez peut-être

plus arrêté. Mais le roi me congédie, ah! c'est dommage!..

LE COMTE. C'en est trop, Isabelle. Vous m'accusez à tort. La fatalité a voulu peut-être que mon élévation fût fondée sur votre malheur; mais chaque instant de ma vie a été consacré à en effacer la source. Le caprice d'un roi m'a fait premier ministre; mais je ferai l'Espagne grande et heureuse.

ISABELLE. Oui, et pour cela, il y a encore un service honteux à vendre au roi... il y a encore une infamie utile à commettre. Vous en avez saisi avidement l'occasion, et vous vous êtes dit : Elle aime un gitano, qui s'est fait Espagnol à force d'héroïsme et de loyauté, et elle n'aura pas le courage de le repousser. Eh bien! oui, je l'aime!.. je l'aime pour tous les malheurs de son origine, dont il est innocent; je l'aime pour tous les sacrifices qu'il m'a faits; je l'aime pour toute la gloire qu'il a mise à mes pieds. C'est pour cela que ni vous, ni le roi, ni personne au monde ne m'auraient empêchée un jour de lui donner ma main, comme il a mon cœur, si je fusse restée pure ; c'est pour cela que je me refuse de servir, vivante, d'instrument à vos honteux projets. Maintenant, que le roi vienne lui-même... qu'il appelle contre moi ses valets, ses courtisans, ses bourreaux, ses ministres; saisissez-moi, torturez-moi, traînez-moi sur la claie, si vous voulez, mais je ne l'épouserai pas.

(Elle tombe sur un fauteuil.)

LE COMTE. Vous vous trompez, vous l'épouserez; il le faut, il le faut absolument. Le nom de Pacheco de Villareal doit couvrir de son égide d'honneur celui d'Isabelle de Soria; oui, vous l'épouserez, pour que votre malheur, qui fut involontaire, reste ignoré de tout le monde.

ISABELLE. Mais je le connais, moi! et savez-vous ce qui m'empêche de supporter seulement l'idée de ce mariage? c'est que si je l'épousais, il faudrait tout lui dire, lui, Pacheco... qu'il sache un jour.... c'est qu'il ne croirait pas, peut-être, à la violence! Un roi!.. il y a si peu de fidélité qui résiste à un roi? Il croirait que je l'ai trahi, et que, délaissée par le roi, je reviens, à lui. Oh! ce serait là un supplice, dont rien pour moi n'approcherait! oh! non, non, laissez-moi mourir loin de lui... J'aime mieux la mort que son absence... mais j'aime mieux son absence que son mépris.

LE COMTE, à part. Pacheco! Pacheco!.. elle n'osera ni tout lui avouer, ni résister à sa prière, je vais le lui envoyer à l'instant. (*Haut.*) C'est votre dernier mot, Isabelle ? Je vais trouver le roi.

(Il sort.)

SCENE X.

ISABELLE, *seule.*

Il s'éloigne... ah! je puis pleurer du moins... ah! toute mon indignation, tous mes reproches, hélas! n'allègent point le poids de mon malheur. Pacheco... j'aurais pu avoir tant de bonheur avec lui... Ah! mon Dieu, mon Dieu! que devenir? et comment le laisser dans le désespoir, dans le doute?.. il pourrait finir par soupçonner... oh! il faut que je lui écrive, que je lui invente une raison pour me refuser à ce mariage, afin qu'il ne sache jamais la véritable... mais que lui dire? que lui dire!

SCENE XI.

ISABELLE, DON JUAN.

DON JUAN. Enfin, m'y voici!

ISABELLE. Vous ici? don Juan, comment se fait-il?

DON JUAN. Ma présence ici a lieu de vous surprendre, senora!.. mais il me restait quelques valets dévoués dans la maison de mon oncle!.. j'ai donné tout mon or, comme j'aurais donné tout mon sang, pour parvenir jusqu'à vous!..

ISABELLE. Grand Dieu!

DON JUAN. Je sais tout; je me suis contenu tant que j'ai pu croire à de l'incertitude dans la conduite de votre oncle, tant que je n'ai pas deviné dans la vôtre une honteuse infidélité.... mais maintenant, aucune force humaine ne m'aurait empêché de traverser ces murs pour venir vous demander compte des engagemens qui ont été pris pour vous avec moi, et de l'honneur de la famille, qui est souillé.

ISABELLE. Ah! malheureuse!

DON JUAN. Oui, le roi vient d'annoncer publiquement à sa cour, votre mariage avec Pacheco; mais il n'a pas ajouté qu'il donnait pour femme une de ses maîtresses à un gitano, et je l'ai dit tout bas, moi, car je le savais.

ISABELLE. Vous!.... ah? je suis donc perdue!

DON JUAN. Non, écoutez-moi, Isabelle, je croyais que ma haine pour cet homme était plus forte encore que mon amour pour vous. Je croyais qu'il y aurait plus de joie à lui donner en mariage la maîtresse du roi, qu'à la lui ravir. Oui, oui, le désespoir m'avait rendu forcené.. Je voulais assister, calme et stoïque, à ce mariage; je voulais rendre votre union indissoluble, et lui dire après : Celle que tu as épousée, celle que tu aimes, eh bien! elle fut à un rival, avant d'être à toi.. Ce rival est le seul dont tu ne puisses te venger... Mais, je vous le jure, Isabelle, cet horrible projet n'a pu s'arrêter qu'un instant dans ma pensée! Pacheco vous aurait tuée peut-être, vous!.. vous!

ISABELLE. Que vous importe?

DON JUAN. Ah! c'est alors que j'ai senti combien mon amour pour vous dépassait tout au monde, jusqu'à ma haine pour lui.

ISABELLE. Eh! qui vous dit que je ne veuille pas avouer à Pacheco.... que je ne lui ai pas avoué déjà...

DON JUAN. Vous lui avez avoué... et il pardonne... et il vivra heureux avec vous? Oh! oui, qu'importe à l'amour d'un gitano? Ah! il sait tout; eh bien, alors, j'aurai le droit de le mépriser, je lui dirai pourquoi, et je jetterai le mot de lâche sur cette face qui ne sait plus rougir.

ISABELLE. Don Juan! don Juan! arrêtez!... Oh! non, vous n'aurez pas cette cruauté... aller lui dire... lui révéler...

DON JUAN. Ah! vous voulez l'épouser, je le vois; il possédera une femme aimée de don Juan de Mendoza... ah! non! tant que je serai vivant!.. Isabelle, prenez pitié de moi, de mon trouble, de mon désespoir, de mes larmes... Je sens que je vous aime plus que ma vie, plus que mon honneur ; et tenez, moi qui traitais de lâche Pacheco, je crois que je le deviendrais... je crois que plutôt que de vous voir dans ses bras, je couvrirais le déshonneur de notre race avec mon propre nom. Eh bien! maintenant que me répondrez-vous?

ISABELLE. Encore une fois, je vous répondrai que vous n'avez aucun droit envers moi, pas même celui de m'adresser une question.

DON JUAN. Prenez-y garde, je sais votre secret.

ISABELLE. Quoi! vous auriez cette lâcheté!... on vient! Oh! grâce, don Juan! C'est sans doute le roi... Ah! je ne veux pas paraître devant lui... Jamais... jamais...

(Elle sort. Pacheco arrive du côté opposé.)

SCENE XII.
PACHECO, DON JUAN.

DON JUAN. Gitano, arrête; j'ai deux mots à te dire.

PACHECO, *à part.* Don Juan! encore lui!... (*Haut.*) Deux mots, dites-vous? ce ne serait pas assez dans un autre moment; mais maintenant le roi attend, c'est trop.

DON JUAN. Le roi attendra que ma vengeance ait eu son cours... Là où la vie est en jeu il n'y a plus d'étiquette.

PACHECO. Cette vengeance reculera cependant devant ma volonté... maintenant ma main n'est pas libre... elle a un contrat à signer... don Juan, c'est plus important que ta vie à ramasser.

DON JUAN. Et c'est cette signature que je viens empêcher, et ce contrat que tu te flattes en vain de voir dresser, moi vivant.

PACHECO. Mais cette entrevue, en ce moment...

DON JUAN. Ne peut se retarder d'une minute... Mais sois tranquille, Pacheco, il est impossible qu'entre nous ce ne soit pas la dernière.

PACHECO. Je te comprends, don Juan... eh bien! alors, hâtons-nous...

DON JUAN. Il faut des témoins.

PACHECO. Qu'est-il besoin de témoins?.. n'est-ce pas assez de nos yeux pour regarder nos mains?

DON JUAN. Rassure-toi, Pacheco... j'y ai pourvu... je suis aussi pressé que toi d'en finir. (*Allant au fond.*) Venez, venez... voici don Manuel Sylva qui est témoin pour moi... et voici celui que je t'ai choisi.

(Paraissent Manuel Sylva et Ritulozo.)

PACHECO. Ritulozo!

SCENE XIII.
PACHECO, DON JUAN, RITULOZO, DON MANUEL SYLVA.

DON JUAN, *à Pacheco.* C'est le gitano le plus pauvre et le plus vieux que j'aie trouvé... il est digne de toi.

PACHECO. Vous ici, père!

RITULOZO. Oui, moi-même, qui me suis rapproché pour toi, avec tes frères, du séjour que tu habites... Je suis venu pour voir par moi-même si ton bonheur répondait à tes espérances, et si on t'accueillait bien dans ce monde nouveau pour lequel tu nous a abandonnés. J'ai rencontré ce gentilhomme qui m'a ordonné de le suivre, pour servir, disait-il, de témoin au châtiment qu'il voulait infliger à un misérable gitano comme moi; et je l'ai suivi, afin de voir punir par toi cet insolent Espagnol.

PACHECO. Votre attente ne sera pas déçue, père... Il veut que ce soit un gitano qui le frappe, libre à lui de qualifier son meurtrier.

RITULOZO, *à part.* Son épée est à nous, rien n'est encore désespéré... qui a l'épée, a l'homme.

PACHECO. Place donc... maintenant, j'ai une dernière chose à demander... Je ne suis pas dressé aux secrets de votre escrime des villes, je me battrai à ma manière, et je ne fais jamais grâce à qui m'insulte le premier... Nous sommes tous deux également armés; quelles que soient la nature et l'issue du combat, qu'il se termine entre nous deux, et qu'aucune voix, aucun bras, n'ait le droit de s'interposer entre la gorge du vaincu et l'épée du vainqueur. Il ne se fera dans ce duel que des blessures mortelles.

DON JUAN. J'allais le demander... qu'on laisse le champ libre à nos deux haines; car ceci n'est pas un assaut frivole de carrousel, une joute de tournoi... c'est la dernière étreinte de deux existences qui ne peuvent se trouver sur la même terre.

(Ils se battent; don Juan est blessé.)

PACHECO. Eh bien! don Juan, le gitano se montre déjà plus adroit que l'homme des villes.

DON JUAN. Oui, il est vrai; les gitanos blessent, mais les hommes des villes tuent.

(Il s'élance sur Pacheco, reçoit un coup mortel, et tombe.)

PACHECO, *lui mettant le pied sur la gorge.* Eh bien! qu'en dis-tu, don Juan?

DON MANUEL. O ciel!... fouler un ennemi aux pieds, je ne le souffrirai pas!

RITULOZO, *le saisissant, et lui mettant le poignard sur la gorge.* Arrête!... la lutte doit s'achever entre eux seuls, cela a été convenu ainsi. Tu ne feras pas un pas de plus, enfant... les vieillards gitanos ont encore plus de force que vos jeunes hommes.

Il le fait reculer au fond du théâtre.)

PACHECO. Eh bien! malgré son insolent défi, le gitano a triomphé de l'homme des villes; il va marcher sur ton corps à l'autel où il va épouser ta fiancée.

DON JUAN, *se relevant à demi.* Oui; mais cette fiancée, ce n'est pas à lui le premier qu'on l'a livrée... on ne donne une noble Espagnole à un gitano que lorsqu'elle est trop flétrie pour un autre mariage... Va donc à l'autel qui t'attend... tu ne presseras entre tes bras qu'une femme déshonorée... le rebut du lit royal.

PACHECO. Misérable! tu mens... c'est faux... qu'Isabelle me trompe!... Isabelle prostituée au roi!..... tu mens..... mais parle, parle, réponds..... explique-moi, prouve-moi ton imposture. (*Il le soulève et le rejette.*) Il est mort!

(Pacheco reste anéanti.)

DON MANUEL. On vient de ce côté... (*A Ritulozo.*) Retirez-vous; devant les domestiques de cette maison vous ne seriez pas en sûreté peut-être.

RITULOZO. Je reviendrai.

(Il disparaît dans les arbres; entrent des domestiques.)

DON MANUEL, *aux domestiques.* Emportez le corps du parent de votre maître... Seigneur Pacheco, sa majesté est au château... elle va tout savoir par moi, et elle jugera votre conduite.

(Il sort avec les domestiques, qui emportent le corps de don Juan.)

SCENE XIV.

PACHECO, *seul.*

Qu'a-t-il dit en mourant? Isabelle, la maîtresse du roi! Ah! quelle horrible lumière m'a éclairé... Mais, en effet, il ne peut y avoir de doute... n'ai-je pas remarqué son trouble, ses larmes, son désespoir, ses remords?... mais, en effet, comment le roi aurait-il mis tant d'insistance à achever ce mariage, s'il n'avait dû couvrir le déshonneur de sa maîtresse!... Oh! misérable insensé, qui me réjouissais de voir qu'on me faisait une place si large et si belle dans ce monde nouveau dont l'aspect m'enivrait... on ne me la faisait si large que parce qu'elle était dans l'infamie.. moi qui croyais avec tant de confiance que le roi d'Espagne descendait de son trône pour accabler un homme obscur de ses bienfaits; qu'il l'allait chercher hors de ses sujets; qu'il le poursuivait de sa générosité opiniâtre pour l'honorer..... insensé! pour le déshonorer à la bonne heure! cela valait de se tant donner de mal! Et moi qui ne voyais pas que cette générosité de mensonge et de perfidie ne me soulevait de terre que pour me rejeter dans la fange... et moi qui ai baisé cette main qui me souffletait... et moi qui ai donné mon front à écraser au pied de cet infâme roi... voilà donc ce que j'étais pour lui! le manteau souillé sous lequel il cachait ses vices... Oh! oui, ris donc, réjouis-toi, réjouis-toi, Pacheco, ils t'ont bien honoré... va, pare-toi aux yeux de tes frères de leurs honteuses faveurs.... parle-leur avec orgueil de cette bienveillance qui assassine, et de cette hospitalité qui déshonore. Ah! seigneur roi de Castille, vous m'avez donné un nom pour le flétrir; vous m'avez donné un grade pour m'en rendre indigne; mais il ne fallait pas me donner une épée... Cela est beau de faire un objet de curiosité et de raillerie d'un pauvre sauvage que l'on trompe... mais il ne faut pas lui rendre sa férocité et sa force natives en lui laissant voir la trahison; cela est amusant de promener le tigre du désert dans vos ménageries, aux yeux insultans des habitans des villes; mais alors il ne faut pas le démuseler... Mais, Isabelle!.... Isabelle!.... Ah! les autres, le roi, le comte, don Juan, que m'importe tout cela?... mais elle?.... elle m'a trompé; elle aussi était dans le complot... elle qui m'apportait en dot l'adultère et l'opprobre! ah! voilà qui est horrible! ah! voilà qui arrache à mes yeux des larmes de sang! Isabelle, c'est la plus infâme! Les autres m'ont bien brisé le cœur; mais au moins je ne le leur avais pas donné... et elle viendra tout-à-l'heure me proposer ce marché d'infamie, ce pacte du déshonneur! oh! qu'elle vienne, et je lui rejetterai à la face l'opprobre qu'elle m'apporte et je lui clouerai le contrat sur la poitrine avec la pointe d'un poignard!.... Ah! Isabelle, où est-elle!... je la veux.... je veux lui arracher ce cœur pour lequel j'ai tout immolé!.... et qui m'a trahi!.... trahi!... trahi!... elle!.. elle! mon seul refuge, ma dernière espérance, mon unique illusion, ma vie, mon ame!... ah! grâce!... tant d'émotions!... j'expire!...

(Il tombe anéanti au milieu du théâtre. Ritulozo et quelques gitanos, embusqués dans les allées du jardin, paraissent et prodiguent des soins à Pacheco, qu'ils relèvent. La toile tombe.)

ACTE IV.

Le théâtre représente une forêt.

SCENE PREMIERE.

PEDRO, RITULOZO, Gitanos.

(Tout le monde est assis en cercle : les hommes sur le premier rang, les femmes et les enfans derrière. Ritulozo est assis au milieu sur un tronc d'arbres.)

RITULOZO. Enfans, je vous ai tous réunis autour de moi, pour vous faire part de notre situation, et vous demander avis... jamais peut-être notre tribu n'a été plus en péril.. sauvons-la, s'il se peut, par un dernier effort...

PEDRO. Père! la durée d'une tribu s'appuie sur une justice égale pour tous... je réclame justice...

RITULOZO. Parle, mon fils! de quoi te plains-tu?

PEDRO. Il y a aujourd'hui un an et huit jours que Pacheco nous a quittés... c'est le délai que nos lois accordent pour revenir dans la tribu... le délai est expiré, et je demande que ses insignes de gitano soient brûlés, et que les cendres en soient jetées au vent, le nom de Pacheco maudit et oublié de nous tous...

RITULOZO. Ce que tu demandes est juste et sera exécuté ; mais il me reste avant des communications importantes à vous faire ; écoutez-les, enfans, écoutez... lorsqu'il y a trente ans, le père de cette tribu remit entre mes mains le poignard de famille, comme signe du commandement, il me dit, devant tous nos frères rassemblés : « Mon » fils, la condition de notre existence est » une vie errante et vagabonde... il nous » faut sans cesse affronter les périls et les » fatigues... il nous faut donc un chef plus » fort que tous les périls, que toutes les » fatigues... regarde-moi, Ritulozo, vois » la faiblesse de mon corps, que mon in- » telligence qui s'égare ne peut plus gui- » der... je ne suis plus qu'un cadavre qu'on » fait mouvoir... un fardeau inutile pour » la tribu.. je remets entre tes mains l'exis- » tence de tous tes frères... mais jure- » moi, toi qui me succèdes, que lorsque, » comme moi, tu sentiras tes forces s'épui- » ser, ton intelligence t'abandonner, ton » énergie s'enfuir, comme moi, tu ras- » sembleras la tribu, et, déclarant sans » honte ta faiblesse, tu déposeras le poi- » gnard et demanderas un successeur. » — Eh! bien! le moment d'accomplir mon serment est venu!.. Enfans, j'ai perdu mon courage et mon énergie en perdant ma der-

nière espérance... C'est en vain que le sort a semblé rejeter parmi nous... Pacheco, humilié, déshonoré, trahi... « Avec vous, c'est la liberté, et ici c'est la vengeance ! » nous a-t-il répondu. « Je reste ici pour me ven- ger.... » nous sommes revenus seuls parmi vous, et Pacheco est maintenant marié à une femme des villes. Pacheco est perdu pour nous... et c'était lui que j'avais choisi pour mon successeur... Comme celui que je rem- place, je ne suis plus qu'un cadavre qu'on fait mouvoir, un fardeau inutile pour la tribu.... enfans, je dépose le poignard : lequel de vous le relèvera?.. *(Il jette le poi- gnard, tous les Gitanos restent immobiles. Il continue.)* Eh quoi ! Gitanos, pas un seul ne se lève? *(Tous gardent le silence.)* Mais regardez-moi donc... voyez... ma lutte avec un homme des villes a suffi pour m'anéantir.. l'action se refuse à mon bras, comme la pensée à ma tête.. Pour porter ce poignard, les mains de votre père sont trop débiles... ce poignard... elles ne le rejettent pas, elles le laissent tomber... je le demande encore, lequel de vous le relèvera ?

SCENE II.

Les Précédens, PACHECO.

PACHECO, *arrivant tout-à-coup.* Moi!

TOUS. Pacheco!

RITULOZO. Pacheco!.. mon fils... enfin tu m'es donc rendu.

PÉDRO. Que dites-vous, père ?.... ou- bliez-vous que déjà Pacheco n'est plus notre frère... voyez ses insignes de gitano ; ils sont là pour être livrés aux flammes ; et ils le seraient déjà, si vous aviez fait droit à ma demande.

PACHECO. Et vous auriez eu tort, père... vous m'avez accordé un an et huit jours, pour revenir parmi vous Il y a aujourd'hui un an et huit jours que je vous ai quittés ; mais ce dernier jour m'appartient, jusqu'à la dernière minute, jusqu'à la dernière seconde... on sonnait... *l'Angelus* du soir lorsque je me suis séparé de vous... je suis de retour, avant qu'il ait sonné dans ces montagnes.. tenez! tenez... entendez-vous . mes frères? le voilà qui commence... *(On entend l'Angelus sonner dans le lointain.)* c'est un glas funèbre qu'il tinte à nos oreilles... il sonne la mort de Pacheco dans les villes, pour qu'il puisse revivre ici.

RITULOZO. Il se pourrait!.. tu renoncerais au monde pour nous...

PACHECO. Le monde!... ah! vous aviez bien raison, père... dans le monde, il n'existe qu'orgueil, trahison, mensonge... cette civilisation que j'admirais n'était que l'art apporté dans la corruption et la perfidie... ils n'ont inventé que des crimes..... ils n'ont perfectionné que des vices...

RITULOZO. Pacheco! mes prédictions s'accomplissent... mais ta haine pour le monde ne nous suffit pas... il nous faut d'autres garanties... tu as signé un contrat qui te lie à une femme des villes.

PACHECO. Oui! j'ai signé ce contrat d'opprobre... et elle l'a signé, elle!.. elle l'a signé!.. et je l'ai vue faire d'un œil calme.. je le devais... Il fallait bien qu'il y eût crime, là où il doit y avoir vengeance..... voilà pourquoi je leur ai laissé consommer jusqu'au bout leur lâcheté, leur infamie... voilà pourquoi je ne les ai pas tués tous à l'instant... j'ai voulu calculer ma vengeance... mais maintenant vous me demandez des garanties pour rentrer parmi vous... eh bien! celui qui sauverait la tribu entière d'un danger imminent...

RITULOZO. Parle! parle!.. le peux-tu?

PACHECO. Oui! apprenez que le roi d'Espagne vous déclare la guerre... Il vient d'expédier à Tolède l'ordre de vous poursuivre partout où vous vous réfugierez.... notre tribu est signalée, et on envoie des troupes contre elle... ces divers ordres, un jeune homme en est porteur, c'est le courrier qui doit passer ici avant une demi-heure... demeurez en embuscade et saisissez-le.

RITULOZO. Ah! merci, merci! Pacheco, tu sauves la tribu.

PACHECO. J'ai quitté les gitanos libres et tranquilles; mais maintenant, jusqu'au jour où ils auront mis le pied hors de l'Espagne, s'ils veulent conserver leur liberté, ils ne peuvent avoir d'autre existence qu'un combat opiniâtre... il ne peut rester de vivans parmi eux que des vainqueurs... il faut, pour les commander, un chef qui connaisse les secrets de la tactique espagnole, et qui puisse combattre les ennemis avec leurs propres armes... il faut, pour les commander, un chef qui ne soit plus le premier qu'au péril et à la mort... voilà pourquoi, frères, j'ai ramassé ce poignard, qui n'est que le symbole d'une fin glorieuse; et voilà pourquoi je ne le rendrai pas.

RITULOZO. Mais, pour avoir le droit de le porter, il ne suffit pas de ce que tu nous proposes... Pacheco, je t'aime comme mon enfant de prédilection; mais je ne sacrifierai jamais l'intérêt de tous à l'intérêt d'un seul.

PACHECO. Que voulez-vous dire, père?

RITULOZO. Tu es resté un an parmi les hommes des villes, et tu y as contracté des habitudes, des liens, peut-être des amitiés... Pour revenir parmi les gitanos, il faut que tu sois chassé du monde civilisé; il faut qu'une de ces actions que dans les villes on appelle un crime, et que nous appelons une justice, te repousse de ce monde, sans espoir d'y rentrer jamais... Et n'as-tu pas plus d'un affront à venger?

PACHECO. Je vous comprends, père, et vous devinez mon ame toute entière. Frères, rendez-vous à minuit au château de Liria dont je suis possesseur... Voici une clef qui vous en ouvrira l'entrée... à minuit vous m'y trouverez, et vous verrez à côté de moi le cadavre d'une personne illustre... A minuit je serai un assassin pour les hommes des villes, et un vengeur pour les gitanos; à minuit les hommes des villes prononceront mon arrêt de mort, et les gitanos m'ouvriront leurs rangs... Etes-vous satisfaits?

RITULOZO. Jure-le à ton tour, sur ce poignard de gitano que tu viens de relever...

TOUS. Oui, oui, jure-le.

PACHECO. Je le jure.

RITULOZO. Songe que si tu manques à ce serment, c'est toi qui remplaceras le cadavre que tu nous promets, et je le jure aussi, moi, ma malédiction suivra le premier coup de poignard.

PACHECO. Père, je le répète, vous verrez à mon côté le cadavre d'une personne illustre... mais vous devez bien me comprendre, vous qui savez tout... Frères, à minuit...

TOUS. Oui! oui! à minuit.

PACHECO. A minuit!..

(Pacheco sort.)

SCENE III.
Les Précédens, UN GITANO.

LE GITANO. Père, un homme à cheval se dirige de ce côté.

(Quelques gitanos se couchent à terre et prêtent l'oreille. On entend des coups de fouet.)

RITULOZO. C'est le courrier!...

(D'autres gitanos préparent leurs carabines.)

RITULOZO. En embuscade.

(Trois gitanos sortent. Moment de silence; on entend les coups de feu. Les gitanos rentrent et remettent les dépêches à Ritulozo.)

ACTE V.

SCENE PREMIERE.

ISABELLE, LE COMTE, DAMES *qui entourent Isabelle, et achèvent sa toilette du soir.*

LE COMTE. Don Pacheco, votre époux, n'est pas encore rentré, Isabelle ?

ISABELLE. Non.

LE COMTE. Il a disparu ce soir, au moment où le roi voulait lui parler avant de repartir pour Madrid.

ISABELLE, *à demi-voix.* Sans doute, c'est qu'il craint quelque nouveau bienfait de sa majesté.

LE COMTE. Ah ! Isabelle, toujours impitoyable.

ISABELLE. Vous vous trompez, comte... mais bientôt, croyez-moi, je n'aurai plus sujet de vous maudire... Maintenant, je voudrais être seule. Mesdames, je vous remercie... Comte de Soria, je vous pardonne.

SCENE II.

ISABELLE, *seule.*

Allons, me voilà seule... libre de mourir... Oui, la mort est mon seul refuge... oui, moi Isabelle, moi la maîtresse, ou plutôt la proie du roi d'Espagne, je n'aurais jamais dû être la femme de Pacheco ; je n'aurais jamais dû signer ce funeste contrat. Je devais aller trouver Pacheco devant le roi, devant don Juan, devant tous, et lui dire : « Pacheco, je suis indigne » de toi... ils te trompent tous ; mais je » ne veux pas te tromper. » Pourquoi ne l'ai-je pas fait ? Ah ! c'est que la mort est préférable au mépris de celui qu'on aime. Oui, ce soir, avant qu'il rentre, avant qu'il pénètre ici, je serai morte, oui, morte, pour ne pas être méprisée par lui, et Pacheco ignorera toujours quelle fut la cause de ma perte. Il me pleurera sans doute. Ma vie a perdu son amour, je ne veux plus que ses larmes pour ma mort... Mais si jamais il découvre la vérité, trouvera-t-il l'expiation digne du crime ?.. Si le roi et le comte ont intérêt au secret, jusqu'ici rien n'a transpiré encore.. Après ma mort, découvrirait-on quelques traces ?.. voyons... Ah! cette cassette... elle contient la dernière lettre du roi... Oh! brûlons-la, brûlons-la.

(Pendant qu'elle va prendre la lettre, Pacheco entre.)

SCENE III.

PACHECO, ISABELLE.

PACHECO, *à part.* La voilà !

ISABELLE. Cette lettre... c'est bien cela.

PACHECO, *à part.* Que fait-elle ?

ISABELLE, *allant pour brûler la lettre, aperçoit Pacheco, et la cache dans son sein.* Ciel ! Pacheco !

PACHECO. Ma présence vous étonne, Isabelle... Ne m'attendiez-vous pas ?

ISABELLE. Si fait, si fait... Oh ! j'avais hâte de vous voir.

PACHECO, *à part.* Voyons jusqu'où elle poussera l'audace et la duplicité. *(Haut.)* Vous étiez impatiente de me voir, dites-vous ? me voilà près de vous pour ne vous quitter jamais.

ISABELLE. Ah ! je suis bien heureuse. *(A part.)* Je me sens mourir.

PACHECO. Heureuse !.. pourtant je ne lis pas le bonheur sur vos traits, Isabelle, et j'ai droit de m'en étonner... Je suis si heureux, moi... Si mon front est pâle, c'est que l'excès de la félicité est difficile à supporter... Est-ce la même raison qui a décoloré vos traits, et qui fait baisser vos yeux vers la terre.

ISABELLE. Oui.

PACHECO. Ainsi, vous m'aimez... vous m'aimez comme je vous aime... ce n'est point par obéissance au roi que vous êtes devenue mon épouse?.. c'est à mon bonheur que je dois votre main ; mais mon amour avait déjà obtenu le vôtre, n'est-ce pas ?

ISABELLE. Oh ! oui.

PACHECO. Rappelez-vous, Isabelle, le jour où pour la première fois je vous dis que je vous aimais. Pour la première fois, vous me donnâtes une espérance. Sur cette faible espérance, j'ai entrepris tout ce qui devait m'élever jusqu'à vous... D'abord, pour arracher à votre oncle sa promesse, j'ai commis un crime en lui sauvant la vie. Puis je me suis élancé dans le monde ; j'ai abandonné mes frères, j'ai acquis un nom, un rang, un grade, au prix de mon indépendance et de mon sang... et lorsque j'ai été digne de vous, je suis venu et je vous ai dit : « Isabelle, vous êtes libre, ne m'é- » poussez pas, si vous ne m'aimez pas. » Et vous m'avez répondu : Pacheco, je vous aime... et je l'ai cru, moi, et je le crois encore... car penser qu'une femme trompe l'amour de celui qui lui a donné plus que sa vie, qui lui a donné sa liberté et son honneur... Oh! ce serait infâme!.. n'est-ce pas, Isabelle, que ce serait infâme?

ISABELLE. Oh oui! bien infâme.

PACHECO. Eh bien! maintenant, vous avez prié, vous avez rempli vos devoirs envers Dieu, Isabelle! voici la chambre nuptiale.

ISABELLE, *d'une voix éteinte.* Oui.

PACHECO, *à part.* Si elle y entre, elle n'en sortira plus.

ISABELLE, *faisant quelques pas.* Ma tête s'égare... je ne vois plus où je vais.

PACHECO, *à part.* Elle met le pied dans son tombeau.

ISABELLE, *reculant sur le seuil de la porte.* Non, jamais... c'est impossible.

(Elle tombe aux pieds de Pacheco.)

PACHECO. Isabelle, que voulez-vous?

ISABELLE. La mort... je veux la mort, je la mérite... Pacheco, sois généreux... tue-moi, et ne m'interroge pas.

PACHECO. Relevez-vous, et répondez... Vous parlez à votre maître, à votre époux, à votre juge... répondez, Isabelle... de quel crime êtes-vous coupable?

ISABELLE. Du crime de mon oncle, qui m'a vendue au roi.

PACHECO. Tu m'as épousé cependant.

ISABELLE. C'est là mon crime.

PACHECO, *montrant le poignard.* Je le savais, et voulais t'en punir.

ISABELLE, *tirant un poignard.* Je ne l'avais pas attendu pour cela. Un instant plus tard, et tu m'eusses trouvée morte. Je ne veux pas te demander grâce; mais le bourreau le plus impitoyable accorde bien quelques minutes à sa victime pour faire sa dernière prière.

PACHECO. Oui, prie Dieu de te pardonner... tu en as sujet et besoin.

ISABELLE. Merci, Pacheco, merci... ce temps que tu m'accordes pour sauver mon ame, je l'emploierai à te parler, à toi.

PACHECO. Que peux-tu avoir à me dire? Isabelle, songe que tu vas mourir.

ISABELLE. Ah! c'est bien mon seul espoir, après un tel aveu.. Mais écoute, cette femme que tu n'oses plus regarder, cette femme qui te fait horreur, sans doute, n'est peut-être pas aussi coupable que tu penses. Écoute, et apprends tout. Pendant cet incendie je fus conduite dans une voiture de la cour; je fus amenée dans des appartemens que je ne connaissais pas. On me trompa sur les intentions du roi. On m'endormit avec un breuvage fatal plus

cruel cent fois qu'un poison. Le lendemain mon oncle était ministre.

PACHECO. Le comte de Soria!

ISABELLE. Voilà pourquoi, flétrie et déshonorée, je n'ai pas osé paraître devant vous... voilà pourquoi, cachée au fond du palais, et rougissant de moi-même, j'ai d'abord refusé votre main... mais un homme qui avait tout découvert, est venu se jeter à la traverse de ma volonté, et m'a dit: « Epouse Pacheco, ou je lui dirai que tu es la maîtresse du roi, et il te méprisera...» Pacheco, il faut souffrir ce que je souffre en ce moment, pour savoir ce que c'est que le mépris de celui qu'on aime.

PACHECO. Et cet homme, quel était-il? son nom?

ISABELLE. Son nom... don Juan de Mendoza.

PACHECO. Mendoza!.. ah! pourquoi ne peut-on pas tuer deux fois?

ISABELLE. Et maintenant, j'ai tout dit, je suis prête... mais avant, pour que je ne meure pas le désespoir dans le cœur, et en blasphémant Dieu si cruel pour moi.... dis-moi, Pacheco, dis que tu crois à mes paroles... dis que tu crois à mon amour... à mon malheur!

PACHECO. Votre amour! oh! je donnerais l'éternité pour y croire... mais non, c'est impossible... vous m'avez trompé, vous m'avez trahi, vous vous êtes jouée de ma faiblesse... non, je ne veux croire à rien: vous me trompiez avant de m'épouser... vous me trompiez en m'épousant, et maintenant vous me trompez encore.

ISABELLE. Moi! quoi, j'aurai ainsi dévoilé ma honte et mes infortunes, et tu ne me crois pas?.. quoi! je me serai montrée ainsi toute souillée à toi, et tes yeux ne s'ouvriront pas... quoi! je t'ai revélé tout mon opprobre, et tu trouves que ce n'est point assez? mais quel serment, quelle preuve, quel témoignage te faut-il donc? eh bien! le comte est là; il dort près de nous...il dort lui!.. eh bien! réveillons-le; qu'il nous parle, qu'il te dise si je fus coupable... qu'il te dise quel fut mon désespoir, mon indignation, ma haine contre lui, et si ce n'est pas assez, viens, suis-moi à l'instant... viens chez le roi... nous y pénétrerons, nous lui demanderons son témoignage... je lui parlerai... oh! je n'aurai pas peur de lui... je n'ai peur que de ton mépris... mais tu ne me crois pas, tu détournes la tête.. oh! mon Dieu! donnez-moi quelque accent, quelque chose qui lui montre que je dis vrai.

PACHECO. Isabelle, malgré moi, vos paroles m'ont touché... mais tout parle contre vous... Quand je suis entré, vous teniez un papier à la main... ce papier, vous alliez le brûler... puis, à mon approche, vous l'avez rapidement caché... ce papier je veux le voir.

ISABELLE. Ah ! Pacheco ! par grâce, par pitié... oh! épargne-moi cette humiliation... n'est-ce pas assez de ce que je t'ai dit?

PACHECO. Je veux le voir, vous dis-je... je veux le voir.

ISABELLE. Le voilà !

(Elle le lui donne.)

PACHECO. Une lettre !.. de qui?.. c'est du roi!.. oui, je connais cette écriture. lisons... voyons comment un roi écrit à sa maîtresse.

ISABELLE. O mon Dieu !

PACHECO, *lisant.* « Isabelle, vous êtes » triste et malheureuse sans cesse: ni mon » amour, ni le titre et les honneurs de » favorite que je vous offre ne peuvent » vous consoler; ne me pardonnerez-vous » donc jamais d'avoir usé de ruse et de vio- » lence ?.. mon amour pour vous devrait » être une excuse... Oui, je l'espère, vien- » dra un moment où vous me ferez grâce... » voilà pourquoi je vous refuse la permis- » sion d'aller vous ensevelir dans un cloî- » tre. » Un cloître! oh! Isabelle, tu seras vengée... vengée avec la rage d'un homme qui perd son bonheur, sa vie, l'éternité... oh! je te crois, Isabelle, car autrement il ne faudrait plus croire en Dieu lui-même... je te pardonne... je t'aime. *(On entend à l'extérieur ce cri des gitanos:* Pacheco! Pacheco! *A part.)* Mon serment... mon serment!.. je l'avais oublié!

ISABELLE. Qu'est-ce ? qu'y a-t-il?

PACHECO. Écoute, tandis que le roi d'Espagne, déshonorait en moi un gitano qui avait répandu son sang pour lui, il ordonnait la proscription de tous mes frè- res... et moi, plein de rage et d'exécra- tion contre ce monde qui m'a trompé, j'ai été tout-à-l'heure prendre mon rang parmi eux... je suis leur chef, et dans l'instant ils vont se rendre ici... mais promets-moi de vivre quand tu ne me verras plus.

ISABELLE. Nous séparer... nous sépa- rer !

PACHECO. Je ne vis plus que pour la vengeance et le combat... j'ai des devoirs terribles à remplir, dont une femme ne pourrait pas même supporter la pensée... fuis, te dis-je, éloigne-toi.

ISABELLE. Mais tu m'as pardonné, m'as- tu dit? tu m'aimes encore, et tu veux que je te quitte... non, en me mariant à toi, ils ne m'ont pas fait seulement comtesse de Villaréal, ils m'ont faite ta femme; j'ai droit aussi, moi, à la persécution de ma tribu, j'ai droit de suivre partout mon époux, même au milieu de la mêlée pour me jeter au-devant de la balle qui lui serait destinée. Oh! Pacheco, je ne puis vivre sans toi, je t'en supplie emmène-moi, ou je vais mourir ici.

Coups de feu à l'extérieur.)

PACHECO. Entends-tu? entends-tu ? ce sont eux, Isabelle; ils entourent le château, ils en forçent l'entrée... ah! cette porte... entre... entre, Isabelle, je te reverrai.

(Il la fait entrer dans la chambre.)

SCENE IV.

RITULOZO, *entrant en désordre et un poi- gnard à la main,* PACHECO.

RITULOZO. Ah! c'est toi... je te trouve enfin... nos frères combattent encore les gardes du comte... j'ai voulu, avant tout, te remettre ce papier, que nous avons trouvé sur le messager que tu nous a signalé... le voilà.

PACHECO. Grand Dieu! qu'ai-je lu?.. ah! c'est horrible !

RITULOZO. Et nous attendons tous la justice que tu nous a promise... la ven- genace que tu as juré de tirer de ceux qui t'ont outragé.

PACHECO. C'est vrai, j'ai juré sur ce poi- gnard, et si je deviens parjure, maudit... je suis maudit par tous!..

RITULOZO. Où est ce cadavre que nous devons trouver à tes pieds... je ne vois pas Isabelle?

PACHECO. Père!.. père, elle est inno- cente, je lui ai pardonné.

RITULOZO. Et nous l'avons condamnée nous... malheureux! songe à ton ser- ment... ils sont tous là... sur mes pas... ils accourent te demander de tenir ta pro- messe... que leur répondras-tu?

PACHECO. Père!..

RITULOZO. Eh bien! parle... parle.... que leur répondras-tu?

(Bruit rapproché.)

PACHECO. Quel est ce bruit?.. il vient de ce côté.

RITULOZO. Ce sont nos frères, te dis-je... par une porte secrète ils ont pénétré dans cet appartement.

(Il montre la chambre d'Isabelle.)

PACHECO. Oh ! Isabelle!, Isabelle !

(Il court à la porte.)

SCENE V.

LES GITANOS, PEDRO, ISABELLE, *au milieu d'eux, entourée de poignards, et jetant des cris.*

ISABELLE. Pacheco! Pacheco!.. sauve-moi.

PACHECO. Frères... respectez-la .. c'est ma femme, c'est votre sœur.

PEDRO. C'est la victime que tu nous as désignée, et si tu refuses de faire justice... nos poignards...

PACHECO. Arrêtez, vous dis–je! (*A lui-même.*) Oh ! mon Dieu ! la voir égorger sous mes yeux... et ne pouvoir...

LE COMTE, *en dehors.* Pacheco... Pacheco !

PACHECO. Le comte!.. ah! le ciel est juste!.. il livre le vrai coupable...

SCÈNE VI.

LES MÊMES, LE COMTE, *entrant poursuivi par les gitanos.*

LE COMTE. Laissez-moi... laissez-moi...

PACHECO. Frères, je vous avais promis un cadavre... le voilà !

LE COMTE. Don Pacheco ?

PACHECO. Oui, Pacheco... l'époux de celle dont tu as vendu l'honneur au roi.

LE COMTE, *à part.* Il sait tout!.. (*Haut.*) Gitanos, vous ne m'égorgerez pas au pied d'une croix.

PEDRO. Egorger un homme au pied d'une croix, ce serait un sacrilége.

LE COMTE. N'est-ce pas, mes amis, que vous me sauverez!..

ISABELLE. Ah! grâce!.. grâce pour lui!

PACHECO. Ah ! vous voulez sauver cet homme... soit... mais écoutez ceci... c'est l'ordre dont vous vous êtes saisis. (*Il lit.*)

« Il est ordonné à tous les gouverneurs de
» provinces de poursuivre les Gitanos par-
» tout où ils se réfugieront, fût-ce dans les
» églises, fût-ce au pied de la croix, sans
» distinction de sexe, ni d'âge, femmes, en-
» fans, vieillards. »

TOUS. Ah !

PACHECO. Signé, comte de Soria... Frè-res, cet homme est le comte de Soria !

TOUS. Le comte de Soria ?

ISABELLE. Grand Dieu !

LE COMTE. Eh bien ! oui, frappez-moi; mais je serai vengé : la mort d'un grand d'Espagne, c'est votre plus grand crime ; mais ce sera votre dernier : en exécutant mon arrêt vous déchirez votre grâce !

(Les gitanos l'entraînent.)

SCENE VII.

ISABELLE, PACHECO.

ISABELLE. Grand Dieu !.. ils l'entraî-nent... ils vont le massacrer... ah! Pacheco, Pacheco... je lui avais pardonné, comme tu m'as pardonné à moi-même... oh ! grâce !.. grâce pour lui.

PACHECO. Toi ou lui, avais-je dit... ma mort n'aurait pu sauver ni l'un ni l'autre... il fallait que ce fût lui...

ISABELLE. Oh! mais je t'en supplie en-core, grâce... grâce...

(Cris de gitanos.)

PACHECO. Il est trop tard.

(Grand tumulte. Les portes s'ouvrent, et l'on voit les gitanos pillant et incendiant le château.)

ISABELLE. Ciel ! que vois-je ?

RITULOZO, *avançant.* La vengeance des gitanos.

PACHECO. Maintenant, frères, j'ai tenu mon serment... frères, (*montrant Isabelle*) voilà la compagne du gitano... voilà ma femme.

TOUS. Vive Pacheco !.. vive Isabelle !

FIN.

IMPRIMERIE DE Vᵉ DONDEY-DUPRÉ, RUE SAINT-LOUIS, Nᵒ 46, AU MARAIS.